십대, 4차 산업혁명을 이기는 능력

십대,
4차 산업
혁명을
이기는 능력

임재성 지음

고사성어로
준비하는
미래형 인재

특별한서재

4차 산업혁명 시대가 되었다. 최첨단 기계들이 속속 등장해 인간의 삶을 편리하게 도와주고 있다. 직접 몸을 쓰지 않아도 원하는 일들이 척척 해결된다. 텔레비전을 보고 싶으면 굳이 리모컨을 사용하지 않아도 된다. 인공지능 비서에게 말만 하면 다양한 채널을 검색도 하고 원하는 채널로 변경도 해준다. 말 한마디면 아름다운 음악도 들을 수 있다. 전등, 가전제품도 집 밖에서 컨트롤이 가능하다. 학교나 학원을 가지 않고서도 수업이 가능한 시대가 되었다.

생활은 정말 편리해졌는데 많은 사람이 불안해하고 있다. 그중에서도 청소년들이 미래에 대한 불안으로 힘겨워하고 있다. 현재 존재하는 많은 직업이 없어질 것이라는 정보는 진로를 어떻게 설계해야 할지 막막하게 만든다. 무조건 열심히 해서는 안된다는 것은 알지만 무엇을 어떻게 준비해야 하는지 명확한 답을 알기도 어렵다. 앞으로 어떤 세상이 펼쳐질지 예측이 어려워 현명하게 준비할 수가 없는 것이다.

그야말로 풍전등화風前燈火 상태이다. 바람 앞의 등불이라는 뜻이다. 생존이 달린 매우 위급한 처지나 오래 견디지 못할 상태를 비유할 때 사용하는 말이다. 4차 산업혁명 시대에 1년 가까이 지속되고 있는 코로나 바이러스 감염증19 사태로 우리나라뿐 아니라 전 세계가 팬데믹에 빠져 있다. 국가 경제나 교육 사회가 혼란을 겪고 일상생활 패턴에 변화가 일어나면서 우리 청소년들의 불안은 커져만 간다. 지금은 한 치 앞을 예측하는 것조차 어렵다. 이런 시기에는 무엇을 어떻게 준비해야 할지 모르기 때문이다. 정부, 학교, 선생님, 학부모들도 모두 힘거워하고 있다.

그래서 4차 산업혁명 시대를 의미 있게 준비하는 방법에 대해 글을 쓰게 되었다. 나는 꽤 오랫동안 청소년들과 진로와 인문학, 독서와 글쓰기를 함께해왔다. 학교와 도서관에서 강의하는 주제도 현명하게 미래를 준비하는 내용들이다. 지금까지 나누고 익힌 것들을 바탕으로 청소년들이 준비해야 할 요소들을 선별해 풀어냈다. 무턱대고 이야기하는 것보다는 내용을 쉽게 이해할 수 있는 매개체가 있으면 좋을 것 같아 고사성어를 활용했다.

고사성어는 세월이 흘러도 우리 곁에 남아 삶의 지혜를 선물한다. 상황을 이해하고 지혜를 발견할 수 있는 이야기가 있어 뜻을 잘 기억해낼 수 있다. 고사성어 한마디면 전하려는 메시지를 효과적으로 표현할 수 있다. 고사성어와 필자가 전하는 메시지를 연결해서 생각하면 4차 산업혁명 시대에 인재가 되는 비결에 대한 이해가 쉬울 뿐 아니라 그 안에서 저마다의 방법을 모색할 수 있으리라 본다.

그러므로 가장 먼저, 고사성어의 뜻을 잘 이해해야 한다. 고사성어가 뜻하는 것을 완벽하게 이해한 후 각 꼭지에서 전하고 있는 메시지를 읽어내야 한다. 그리고 고사성어와 메시지를 연결 짓고 융합해서 기억하면 된다. 이해된 지식과 정보, 방법들을 알게 되었다면 이제는 하나라도 실천해봐야 한다. 단 하나라도 실천해서 자신의 것으로 만든다면 어느 순간 4차 산업혁명 시대를 거뜬히 이겨낼 수 있는 인재로 거듭나 있는 자신을 발견할 수 있을 것이다.

아무리 예측이 불가능하고 불안한 시대가 다가와도 그것을 이겨낼 능력이 준비되었다면 더 이상 불안에 떨지 않을 것이다. 오히려 자신의 능력을 마음껏 펼칠 수 있는 기회를 기대하게 될 것이다. 이 책을 읽는 많은 청소년들이 4차 산업혁명 시대를 설렘으로 헤쳐 나가는 미래 인재가 되길 기대한다.

임재성

차례

새는 알에서 나오려고 투쟁한다.
알은 세계이다.
태어나려는 자는 하나의 세계를 깨뜨려야 한다.
─『데미안』 헤르만 헤세

질문의 힘

삶의 주인이
되기 위해
필요한 질문

나는 어떤 사람인가?

● 지피지기 백전불태 ●

知彼知己 百戰不殆 알 지, 저 피, 알 지, 자기 기, 일백 백, 싸움 전, 아니 불, 위태할 태
- -
상대를 알고 나를 알면 백 번 싸워도 위태롭지 않다는 뜻으로, 적과 아
군의 실정을 알고 싸움에 임하면 백 번을 싸워도 위태롭지 않고 결국
승리할 수 있다는 말.

손무 『손자병법孫子兵法』「모공謀攻」편

"적을 알고 나를 알고 싸운다면 백 번을 싸워도 결코 위태롭지 않
다. 적을 모르고 나만 알고 싸운다면 승패는 반반이다. 적을 모르는
상황에서 나조차도 모르고 싸운다면 싸울 때마다 반드시 위태롭다."

손무는 춘추 시대 제나라의 뛰어난 병법가였다. 그를 오왕 합려가
발탁해 천하를 평정했다. 합려가 천하를 도모하는 데 도움을 준 병법
서가 바로 『손자병법』이다. 그 책 「모공」 편에 위와 같은 내용이 실려
있다.

4차 산업혁명 시대는 춘추 시대처럼 한 걸음 앞을 예측하기 힘든 세상이다. 춘추 시대는 주나라의 세력이 약해지면서 강력한 군사력을 가진 패자覇者[1]들이 등장한 어지러운 시대였다. 그 시절 한 걸음 앞조차 예측하기 어려운 세상에서 승리하는 비결이 '지피지기 백전불태'라고 한 것이다. 무술을 연마하고 훈련에 열중하는 것은 중요하다. 하지만 그보다 더 중요한 것은 적을 알고 나를 아는 것이라는 말이다. 학생이 공부를 열심히 하는 것은 당연한 일이지만 4차 산업혁명 시대에 우리가 처한 상황 파악과 자신을 아는 것이 문제를 헤쳐 나가는 데 더 필요하다.

　4차 산업혁명 시대라는 말은 2016년 다보스 세계경제포럼에서 클라우스 슈밥이 처음 사용했다. 세계경제포럼 회장인 그는 자신의 저서『클라우스 슈밥의 제4차 산업혁명』에서 지피지기 백전불태와 비슷한 말을 전한다.

　"제4차 산업혁명은 디지털 혁명을 기반으로 다양한 과학기술을 융합해 개개인뿐 아니라 경제, 기업, 사회를 유례없는 패러다임 전환으로 유도한다. '무엇'을 '어떻게' 하는 것의 문제뿐 아니라 우리

---

1   중국 춘추 전국 시대 제후의 우두머리를 말한다.

가 '누구'인가에 대해서도 변화를 일으키고 있다."[2]

우리가 누구인가의 문제는 곧 자신이 어떤 사람인가라는 말과도 통한다. 4차 산업혁명 시대는 자신이 어떤 사람인지 그 정체성까지 흔들릴 수 있다. 급변하는 세상에서 자신이 어떤 사람인지 관심을 갖지 않으면 위태로워질 수 있다는 것이다. 자신이 어떤 사람인지 아는 것은 2,500년 전이나 지금이나 여전히 중요한 문제다.

전쟁과 세계경제를 주도하는 일은 어른들의 문제니 10대와 상관없다고 생각하는 사람이 있을까 봐 걱정된다. '나는 어떤 사람인가?'라는 질문에 대한 답은 어른이든 청소년이든 누구에게나 필요하다. 이 질문에 답을 찾지 않고는 의미 있는 인생의 길을 걸어갈 수 없기 때문이다. 삶은 자신을 발견해가는 여행과 같다.

우리가 모르는 곳에 여행을 갈 때면 보통 내비게이션을 활용한다. 그럼 여기서 질문을 하나 해보겠다. 내비게이션으로 현명하게 목적지에 도착하려면 무엇을 먼저 입력해야 할까? 출발 지점이 먼저일까? 아니면 도착 지점일까? 둘 다 필요하지만 경로 탐색의 시작은 출발 지점이 입력돼야 가능하다. 아무리 정확한 목적지를 입력해도 출발 지점을 모르면 경로 탐색이 이루어지지 않기 때문이다.

인생이라는 미지의 세계로 여행하는 것도 똑같다. 바라는 꿈을 찾는 것보다 중요한 것은 현재 나는 어떤 사람이냐에 대한 질문에

---

2 『클라우스 슈밥의 제4차 산업혁명』, 클라우스 슈밥, 새로운현재, 2016.

답을 찾는 것이다. 현재 위치가 인식돼야 원하는 꿈의 목적지를 향한 경로 탐색이 가능해지기에 그렇다.

그런데도 청소년들은 현재 자신이 어떤 사람인지 고민하는 데 많은 시간을 투자하지 않는다. 목적지에 대해 더 집중한다. 그곳에 도달하려고 공부하기에 바쁘다. 어떻게 하면 효과적으로 목적지에 다다를 것인지에 관심을 가지고 명문 대학에 진학하려 힘쓴다. 그러나 결과는 그리 아름답지 못하다. '대2병[3]'을 앓고 있는 청년들이 너무 많기 때문이다.

대2병은 대학교 2학년 또래의 학생들이 걸리는 병이다. '앞으로 어떻게 살아가야 할까?'라는 질문에 효과적인 답을 찾지 못해 불안을 느끼는 심리적 상태이다. 2017년 SBS 스페셜 〈대2병, 학교를 묻다〉가 방영돼 큰 반향을 일으켰다.

대2병은 수능만점자도 걸리는 병이다. 수능에서 만점을 맞았는데 대학교 2학년이 되니 앞으로 무엇을 하고 어떻게 살아야 하는지 모르겠다는 것이다. 그렇게 열심히 공부해서 대학에 진학했는데 결과는 여전히 불안에 떨고 있다. 실제로 많은 대학생들이 휴학, 자퇴, 전과를 고민하고 있다. 대학교 1학년과 2학년 강의실이 텅텅 비어 있는 것이 이를 증명한다. 막상 대학에 진학해 공부해보

---

3   대학교 2학년 또래의 학생들이 장래를 걱정하고 취업에 대한 불안을 느끼는 심리적 상태를 빗대어 이르는 말이다.

니 자신이 원하는 것이 아님을 깨달았기 때문이다. '나는 어떤 사람인가?'라는 질문을 소홀히 여겨 생기는 현상이라고 볼 수 있다.

중2병이라는 사춘기도 '나는 어떤 사람인가?'라는 질문과 관련이 있다. 사춘기는 "신체적으로는 2차 성징이 나타나며 정신적으로는 자아의식이 높아지면서 심신 양면으로 성숙기에 접어드는 시기"라고 국어사전에 정의돼 있다. 육체적인 성숙뿐만 아니라 자아의식이 높아지는 시기가 사춘기라는 것이다. 자아의식은 타인과 구별되는 자기에 대한 의식이다. 곧 '나는 어떤 사람인가'라는 이야기다. 이 질문에 답을 찾는 과정에서 비춰지는 모습이 중2병으로 나타난다.

10대들이 읽는 성장소설의 대명사처럼 불리는 책이 있다. 바로 헤르만 헤세의 『데미안』이다. 열 살 소년 에밀 싱클레어가 데미안과 만나며 20대 청년이 돼가는 성장 과정을 그린 소설이다. 책 내용 중에 마음을 울리는 문구가 있다.

"한 사람 한 사람의 삶은 자기 자신에게로 이르는 길이다. (…) 일찍이 그 어떤 사람도 완전히 자기 자신이 되어본 적은 없었다. 그럼에도 누구나 자기 자신이 되려고 노력한다. 어떤 사람은 모호하게 어떤 사람은 보다 투명하게, 누구나 그 나름대로 힘껏 노력한다."[4]

역시 '나는 어떤 사람인가?'에 대한 이야기다. 책 내용 중에 많은

4　『데미안』, 헤르만 헤세, 민음사, 2009.

학생들이 외우고 있는 명대사가 있다.

"새는 알에서 나오려고 투쟁한다. 알은 세계이다. 태어나려는 자는 하나의 세계를 깨뜨려야 한다."

나는 어떤 사람이냐의 질문에 대한 답은 누가 대신해줄 수 없다. 자신을 낳아준 부모도 선생님도 답을 찾아줄 수 없다. 답을 찾는 힌트는 줄 수 있지만 온전한 해결책을 제시해줄 수 없다. 오직 자신만이 답을 찾을 수 있다. 자기 스스로 하나의 세계를 깨뜨리고 나올 수 있어야 자신이 어떤 사람인지에 대한 답을 발견한다.

'나는 어떤 사람인가?'에 대한 답은 시기별로 다르게 나타난다. 한 번 찾은 것으로 늙을 때까지 살아가기도 하지만, 인생의 시기마다 다른 답을 찾기도 한다. 10세 때 찾은 답과 15세에 찾은 답, 19세에 찾은 답이 다를 수 있다.

특히 4차 산업혁명 시대는 어제 찾은 답으로 오늘을 살기에는 너무 빠르게 세상이 변한다. 그래서 인생의 갈림길에 서거나 삶의 문제가 발생할 때마다 현재 '나는 어떤 사람인가?'라는 질문에 답을 찾을 수 있어야 한다. 그보다 더 지혜로운 사람은 갈림길이 다가오기 전에, 삶의 문제가 생기기 전에 미리미리 자신이 어떤 사람인지 관심을 갖는다. 그러면 4차 산업혁명 시대에도 위태로움 속에서 허우적거리지 않고 당당하게 헤쳐 나아갈 수 있다.

십대, 4차 산업혁명을 이기는 능력

내가 원하는
삶이란 무엇인가?

● 한단지보 ●

邯鄲之步 땅이름 한, 땅이름 단, 어조사 지, 걸음 보

한단의 걸음걸이라는 뜻으로, 자기 분수를 모르고 남의 흉내를 내다가
제 것마저 잃는 경우를 빗대어 하는 말.

장자 『장자莊子』 「추수秋水」편

조나라에 궤변론자 공손룡이 있었다. 그가 위나라의 위모를 찾아가 장자의 도에 대해 물었다. 자신의 논리와 지혜가 장자와 견줄 만한지 알고 싶어서였다. 위모는 공손룡을 보고 웃으며 말했다.

"가느다란 대롱 구멍으로 하늘을 보고 송곳을 땅에 꽂아 깊이를 재려고 하는군."

그러고는 다음과 같은 이야기를 들려주었다.

"연나라 수릉에 사는 한 젊은이가 작은 나라에 살고 있는 자신의 처지를 한탄하며 큰 나라인 조나라를 동경했다네. 그러던 어느 날, 조

나라의 수도인 한단을 구경할 기회가 왔지. 한단에 도착해 보니 듣던 대로 모든 게 수릉보다 뛰어났어. 특히 한단 사람들의 걸음걸이는 수릉 사람들보다 훨씬 우아하고 멋지게 보였네. 젊은이는 한단 사람들의 걸음걸이를 흉내 내려고 노력했지. 그런데 한단 사람들의 걸음걸이를 배우기 전에 원래 걸음걸이마저 잊어버려 걷지 못하고 기어서 고향으로 돌아갔다고 하네."

위모는 이야기를 들려주고는 나지막하게 이렇게 말했다.

"자네도 여기를 떠나 돌아가지 않으면 장자의 도를 알기도 전에 그대 본래의 지혜를 잃고 결국 그대 자신까지 잃게 될 것이오."

그 말을 들은 공손룡은 아무 말도 못 하고 도망치듯 자기 나라로 돌아가고 말았다.

'나는 어떤 사람인가?'라는 질문에 답을 찾지 못하면 예를 든 이야기처럼 될 가능성이 높다. 자신이 무엇을 좋아하는지를 알지 못하면 남의 흉내를 내기 마련이다. 자기가 삶의 주인이 되지 못하고 다른 사람으로 살게 된다는 것이다.

4차 산업혁명 시대가 시작된 후 많은 청소년들이 불안해하고 있다. 사회의 모든 것이 바뀌고 있기 때문이다. 무엇보다 진로를 결

십대, 4차 산업혁명을 이기는 능력

정해야 하는 10대들에게 큰 문제일 수밖에 없다. 현재 직업 중 많은 수가 사라질 것이라는 예고는 하루이틀 듣는 소리가 아니다. 여기저기서 4차 산업혁명 시대에 대응하려면 이것을 해야 한다, 저것을 준비해야 한다고 목소리를 높인다. 어느 소리에 반응해야 할지 도대체 알 수 없을 정도로 수많은 정보가 쏟아지고 있다. 과학기술은 좋아져 생활은 편리해졌는데 미래의 삶을 계획해야 하는 10대는 오히려 복잡해지기만 하니 불안한 마음이 더욱 깊어지는 게 현실이다.

미래에 대한 두려움은 자기 내면의 소리에 집중하지 못하도록 만든다. 자신의 걸음걸이로 살아가면 실패할 것 같은 생각이 들어서다. 뭔가 그럴듯한 것이 있을 것 같아 여기저기 기웃거리고 전문가들의 조언에 기대기도 한다. 주변에서 4차 산업혁명 시대를 준비하는 공부를 한다며 호들갑을 떨면 자신만 뒤처진 것 같다는 생각에 중심을 잡지 못할 때도 있다. 최첨단 기계의 도움과 코딩 등으로 앞서가는 사람들을 보면 더 불안해진다. 그러다 보면 자신의 걸음걸이보다 다른 사람의 걸음걸이에 관심을 기울이게 된다.

부모들은 자녀를 조금이라도 행복하게 살도록 해주기 위해 안테나를 곤두세우고 새로운 정보를 찾아 헤맨다. 4차 산업혁명 시대를 현명하게 준비할 수 있다는 이야기만 들리면 그 정보를 수집해 자녀들에게 내놓는다. 그렇지만 10대들은 오히려 혼란하기만 하다. 이런 상황을 명확하게 꿰뚫은 사상가가 있다. 바로『고백록』을 쓴 아우구스티누스다. 그가 철학적 성찰을 통해 깨달은 것이다.

"사람들은 높은 산과 바다의 거센 파도와 넓게 흐르는 강과 별들을 보며 놀란다. 그러나 정작 스스로에 대해서는 깊이 생각하지 않는다."

겉으로 드러난 현상에만 몰두하고 자기 내면에는 관심을 기울이지 않음을 이야기하고 있다. 오늘의 우리 삶과 다를 바 없다.

스스로에 대해 깊이 생각하는 10대는 크게 흔들리지 않는다. 4차 산업혁명이 아니라 5차 산업혁명이 다가온다 해도 불안해하지 않는다. 아무리 최첨단 기술과 정보가 쏟아져도 괜찮다. 무엇을 어떻게 해야 하는지 자신의 마음 중심에서 그 답을 찾기 때문이다.

4차 산업혁명을 주도하고 있는 곳은 실리콘밸리[5]다. 실리콘밸리에서는 세상을 주도하는 신기술이 하루에도 수없이 탄생한다. 머릿속 상상이 현실이 되도록 구현해낸다. 창의적인 인재들은 너도나도 실리콘밸리로 가고 싶어 한다. 그들은 어떻게 준비하고 공부했기에 4차 산업혁명 시대를 주도해가는 걸까? 이 질문에 답을 찾을 수 있다면 청소년들도 자기 걸음걸이로 세상을 향해 나아갈 수 있을 것이다.

실리콘밸리를 주도하는 사람들은 최첨단 기술을 먼저 배울 것

---

5   미국 캘리포니아주에 있는 첨단기술 연구단지를 일컫는다.

이라고 생각하는데 그렇지 않다. 그들의 가정에는 최첨단 기술로 무장한 IT기기들이 없다. 실리콘밸리의 신화를 써내려간 스티브 잡스는 자녀들에게 IT기기를 주지 않았다. 빌 게이츠는 자녀들이 15세가 돼서야 IT기기 사용을 허용했다. IT기기를 접하면 오히려 IT기기의 노예가 될 것이라는 우려 때문이었다.

그들은 최첨단 기계를 만들어 팔면서 자기 자식들에게는 그런 기계를 주지 않는다. 왜 그럴까? 10대에는 최첨단 기계보다 자기 자신에게 집중하도록 이끌어주기 위해서다. 내면의 힘을 기르고 자신과 좋은 관계를 맺어가는 기회를 제공해주려는 생각이 크기 때문이다. 그래야 자신만의 걸음걸이를 발견할 수 있으며, IT기기의 노예가 아니라 그 기기를 활용하고 다스리는 삶을 살아갈 수 있을 거라고 확신한 것이다.

실리콘밸리에서는 컴퓨터를 능수능란하게 다루는 교육보다 자신만의 걸음걸이가 무엇인지 찾는 교육을 한다. 철학으로, 토론으로, 독서와 글쓰기로 자신만의 걸음걸이를 찾는 기회를 제공한다. 인문학적인 요소를 바탕 삼아 자기 삶의 주인으로 살도록 이끈다. 그 중심에 질문이 있는데 바로 이 세 가지다.

첫째, 나는 누구인가?
둘째, 나는 왜 사는가?
셋째, 나는 무엇을 위해 살아야 하는가?

실리콘밸리에서는 지금도 이 세 가지 질문에 답을 찾는 교육에 열중하고 있다. '나는 누구이며, 왜 사는가, 무엇을 위해 살아야 하는가'는 바로 자신만의 걸음걸이를 찾는 과정이다. 그래야 다른 사람 흉내를 내지 않고 자신이 원하는 삶을 살아갈 수 있다.

10대들이여, 위 세 가지 질문에 어떤 답을 할 수 있는가? 이 질문에 답을 찾기 위해 시간을 투자해야 한다. 수학 문제집을 푸는 것보다, 영어 단어를 많이 암기하는 것보다 더 중요하다. 이 질문에 답을 찾지 않고는 자신만의 걸음걸이를 찾기 힘들기에 그렇다. 프랑스의 작가 프랑수아 드 라 로슈푸코의 『잠언과 성찰』을 읽으며 오늘 무엇을 위해 시간을 투자해야 하는지 생각하는 시간을 가졌으면 좋겠다.

"나무에 따라 꽃과 열매가 다르듯 사람의 재능도 저마다 다르다. 아무리 좋은 배나무라 할지라도 조그만 사과 하나를 맺을 수는 없는 일이다. 남의 흉내를 내는 것은 어리석다. 그대의 특성을 살리도록 노력해야 한다."

나는 나를 정말로
사랑하고 있는가?

● 미봉책 ●

彌縫策 기울 미, 꿰맬 봉, 채찍 책
- -
꿰매어 깁는 계책이라는 뜻으로, 결점이나 실패를 덮어 발각되지 않게
이리저리 주선하여 감추기만 하는 계책을 일컫는 말.

『좌전左傳』「환공 5년桓公五年」

*공자의 『춘추春秋』를 해설한 주석서.

　　춘추 시대 주나라 환공은 기울어가는 나라를 일으킬 방법을 찾다
가 정나라를 치기로 했다. 정나라를 다스리던 장공은 강력한 군사력
을 믿고 천자인 환공을 노골적으로 무시했다.

　　이에 환공은 장공의 벼슬을 박탈했다. 화가 난 장공은 주 왕실에
바치던 조공을 중지했다. 환공은 장공의 태도를 트집 잡아 괵, 채, 위,
진나라의 군대를 모아 스스로 총사령관이 되어 정나라를 쳤다.

　　장공은 환공의 연합군을 맞아 당당하게 맞섰다. 정나라의 공자 원
이 토벌군의 배치 상황을 장공에게 이렇게 보고했다.

"좌군인 진나라는 국내 정세가 혼란스러워 사기가 떨어져 있습니다. 그러니 먼저 진나라 쪽을 공격하면 그들은 도망치기에 급급할 것입니다. 그러면 환공이 지휘하는 진영이 혼란을 일으킬 것이고 우군도 더 버티지 못할 것입니다. 그 틈을 타서 환공을 공격하면 쉽게 이길 수 있습니다."

장공은 원의 계책에 동의하고 직접 병사들을 이끌고 나갔다. 전차가 제일 앞에 서고 그 뒤에 보병이 따르는데 전차와 전차 사이를 보병으로 '미봉'한 것이다. 미봉한 군대를 앞세워 장공은 승리했다.

환공은 장공의 공격으로 어깨에 화살을 맞고 물러갔고, 연합군은 패배하고 말았다.

위 이야기에서 '미봉'은 군대를 재배치하여 보충한다는 뜻으로 쓰인다. 하지만 요즘에는 일을 근본적으로 해결하지 않고 순간의 결함만 때우는 식으로 처리하는 모습을 이야기할 때 미봉책이라고 말한다.

'나는 나를 사랑하고 있는가?'라는 질문에 답을 찾는 힌트를 미봉책이라는 고사로 정한 것은 이런 이유에서다. 10대들이 자신을 사랑하지 않으면 미봉책만을 쓰며 살아가게 되기 때문이다.

십대, 4차 산업혁명을 이기는 능력

자기 삶의 주인으로 살아가려면 나는 어떤 사람인가, 내가 원하는 삶은 무엇인가에 대한 답을 찾아야 한다. 두 가지 질문에 답을 찾지 못하면 자기 삶의 주인이 되지 못한다. 자신이 쓴 인생 대본이 아니라 누군가 써준 인생 대본대로 살아가는 것과 같다. 자신이 아닌 다른 사람의 인생을 대신 살면 행복은 가까이 다가오지 않는다.

누구나 행복한 삶을 살고 싶은 욕망이 있다. 행복은 자기 자신으로 사는 것에서 비롯된다. 10대도 다르지 않다. 그래서 서툴러도, 완성된 답은 아니어도 나는 어떤 사람이며, 내가 원하는 삶이 무엇인지 질문을 던지고 답을 찾으려고 끊임없이 노력해야 한다.

하지만 원하는 대로 되지 않을 때가 많을 것이다. 뭘 어떻게 해야 명확한 답을 찾을 수 있을지 모르기 때문이다. 효과적인 방법을 알려주는 사람도 드물다. 그렇다고 나의 삶을 누군가 대신해줄 수도 없다. 오롯이 혼자 힘으로 스스로에게 질문을 던지고 답을 찾아야 한다.

그런데 여기서 한 가지 짚고 넘어갈 것이 있다. 자신이 어떤 사람인지 아무리 질문을 던져도 답이 안 보이는 경우다. 자신이 어떤 사람이고, 살아가고 싶은 삶이 무엇인지 의문을 던지고 답을 찾아도 보이지 않도록 방해하는 것은 마음속 아픈 상처 탓이다. 다른 말로 하면 자신을 진정으로 사랑하지 않는 사람은 두 가지 질문에 대한 답을 발견하기 힘들다.

이해를 돕기 위해 영화 한 편을 소개하려 한다. 제목은 〈굿 윌 헌팅Good Will Hunting〉이다. 주인공 윌은 천재다. 한 번 읽은 책은 온전히 자신의 것이 되었으며 수학계의 노벨상을 탄 교수도 풀지 못하는 문제를 척척 풀어낸다. 하지만 윌은 자신이 원하는 인생을 살지 못한다. 원하는 삶이 무언지 생각해보려 하지도 않는다. 그저 길거리를 방황하며 일용직 근로로 힘겨운 삶을 살아간다.

윌이 힘겨운 삶을 살아가는 것은 어린 시절 받은 상처 때문이다. 그는 태어난 후 부모에게 버림을 받았고 양부모에게서는 허구한 날 무자비한 폭력을 당한다. 그것이 몸과 마음에 깊은 상처가 돼 자신을 사랑하지 못하고 마음을 꽁꽁 닫고 산다. 사람들과 관계를 제대로 맺지 못하고 사랑하는 여인의 마음도 받아들이지 못한다.

이렇게 아픔이 반복되며 인생이 좋지 않은 방향으로 흘러갈 때 자신을 이해해주는 교수를 만난다. 그리고 자신의 어두운 과거와 화해하는 극적인 기회를 갖는다. 그때 비로소 자기 자신을 사랑하게 되고 자신이 원하는 삶의 길을 찾아 나선다.

영화 제목의 '윌Will'은 의지, 뜻, 소망을 의미하며, '헌팅Hunting'은 찾아 나선다는 의미가 있다. 자신이 원하는 삶을 살아가려면 과거의 아픔과 이별하고 현재 있는 그대로의 자신을 사랑해야 한다는 메시지를 담고 있다. 아무리 천재적인 능력이 있어도 자기 자신을 신뢰하고 존중하지 않으면 험난한 세상을 헤쳐 나아가지 못한다.

자신을 사랑하지 않으면 미봉책을 쓰며 살아갈 수밖에 없다. 자기 내면을 들여다보고 문제를 근본적으로 해결하기보다 그때그때 상황에 따라 자기 마음을 감춘다. 자기 마음을 들키지 않으려고 강한 척, 행복한 척, 괜찮은 척하며 이리저리 감추기만 한다.

4차 산업혁명 시대에 K-POP으로 세계를 리드하는 아이돌 그룹 방탄소년단이 있다. 그들의 창의력과 도전정신은 빌보드를 넘어 세계 곳곳까지 영향력을 발하고 있다. 그들이 음악으로 세계를 호령할 수 있었던 것은 자신을 사랑하는 마음에서 비롯되었다. 방탄소년단 리더 RM 김남준은 2018년 UN 연설에서 전 세계에 이런 메시지를 남겼다.

"아마 저는 어제도 실수를 했을 겁니다. 어제 실수했더라도 어제의 나도 나이고, 오늘의 나 역시 잘못과 실수를 저지를 겁니다. 그러나 내일의 나는 조금 더 나아질 겁니다. 그 또한 저 자신입니다. 이 모든 실수와 잘못은 나를 밤하늘의 빛나는 별로 만들어주었습니다. 내가 지금 누구이든지, 어제의 나이든지, 내가 앞으로 어떻게 되든지 제 자신을 사랑하게 되었습니다."

자신을 사랑함으로써 세계적인 아티스트가 될 수 있었다는 메시지다. 그러면서 세계 청소년들에게 자신을 사랑하라고 말한다.

자신을 사랑하지 않으면 자존감이 낮다. 자기를 존중하지 못하니 자신감도 없다. 무엇을 하든 안될 것 같고 불안하다. 그래서 쉽게 도전하지 못하고 포기한다. 30년 동안 자존감을 연구한 심리학자 나다니엘 브랜든은 『나를 믿는다는 것』에서 이렇게 말했다.

"자신감이란 무엇인가? 자신감은 '자신의 능력에 대한 생각'과 '자신의 가치에 대한 생각'이라는 두 가지 요소로 이뤄진다. 바로 '자기 신뢰'와 '자기 존중'이 합쳐진 것이다. 자신감은 문제를 이해하고 해결함으로써 삶의 어려움에 대처하는 능력이며, 자신의 욕구와 바람을 만족시켜 행복을 추구하는 의지다."

브랜든은 자신감이 높으면 현재 삶을 잘 받아들이고, 자신감이 낮으면 현재 삶을 잘 받아들이지 못한다고 했다. 자신의 삶이 잘못됐다고 생각하며 살아가니 어떻게 원하는 인생을 살아갈 수 있겠는가.

나다니엘 브랜든은 말한다. 자신감을 높이려면 나는 어떤 사람인가에 대한 답을 찾아야 한다고. 그다음으로는 있는 그대로의 자신을 수용할 수 있어야 한다고. 〈굿 윌 헌팅〉에서 윌이 있는 그대로의 자신을 인정하고 수용하며 사랑하게 됐던 것처럼 말이다. 그 다음은 용기를 갖고 한번 도전해보고 시도하는 과정들이 쌓여야 자신감이 높아진다고 했다.

심리학이든, 철학이든, 문학이든, 인문학에서 추구하는 것들은 모두 위와 같은 과정으로 이루어진다. 자신이 누구인지, 무엇을 위해 살 것인지, 원하는 인생은 무엇인지 답을 찾는 과정을 저마다의

십대, 4차 산업혁명을 이기는 능력

방법으로 접근해 풀어나간다. 그런데 이 문제를 해결할 핵심 열쇠는 바로 있는 그대로의 자신을 받아들이고 사랑해야 가능하다는 것이다.

자신을 사랑하는 것은 어느 누군가 대신해줄 수 없는 일이다. 자신을 사랑해야 진짜 사랑의 의미를 깨달을 수 있다. 오롯이 자신을 만나야 한다. 자신을 사랑하는 것에서조차 미봉책을 쓴다면 희망 찬 미래를 기대하기 어렵다. 미봉책은 인생을 살아가는 데 완전한 해결책이 되지 않는다는 걸 명심하자.

내 삶의 선택권은
누구에게 있는가?

• 계륵 •

鶏肋 닭 계, 갈빗대 륵
- -
뜯어 먹자니 살이 없고 버리기는 아까운 닭의 갈비라는 뜻으로, 쓸모
가 있는 것은 아니지만 버리기에는 아까운 것을 의미하는 말.

『후한서後漢書』「양수전楊脩傳」

후한 말, 유비는 한중에 진출해 한왕이 되었다. 위왕 조조는 한중
을 차지하기 위해 전쟁을 일으켰다. 유비의 군대는 제갈량의 치밀한
전략에 따라 만반의 준비를 갖추었다.

조조군은 멀리 출정하여 군량미가 모자랐다. 식량 보급로마저 차
단되자 굶주림에 견디지 못해 쓰러지는 병사들이 점점 늘어났다.

조조는 진격해야 할지 후퇴해야 할지 결정을 내릴 수 없는 곤경에
빠졌다. 그때 조조의 부하 장수가 그날 밤 암호를 물었다. 마침 닭의
갈비를 뜯고 있던 조조는 "계륵, 계륵"할 뿐 아무 말이 없었다.

십대, 4차 산업혁명을 이기는 능력

부하 장수들이 조조의 말이 무슨 뜻인지 몰라 고민했다. 그때 주부 벼슬에 있던 양수는 조조의 속마음을 알아차리고 곧 군대를 철수하게 될 테니 준비를 해두라고 했다. 다른 장수들이 놀라 그 까닭을 묻자 양수가 이렇게 말했다.

"닭의 갈비는 먹자니 먹을 게 별로 없고 버리자니 아까운 것입니다. 조조 승상은 한중을 닭의 갈비로 생각한 것입니다. 즉, 버리기는 아깝지만 대단한 곳은 아니라고 여겨 철수를 결정하신 것입니다."

며칠 뒤, 조조는 양수의 예측대로 철수 명령을 내렸다.

우리는 뭔가를 선택할 때 깊은 고민을 한다. 어떤 선택이 현명한 것인가, 나에게 도움이 될 것인가를 따져본다. 결국 선택은 자신에게 이익이 되는 쪽으로 기울어진다. 고사성어 '계륵'의 이야기처럼 말이다.

계륵의 메시지는 우리 삶 속에서 많이 활용된다. 어떻게 보면 삶의 매 순간이 선택의 연속이기 때문이다. 그런데 그 무엇보다 중요한 선택은 자신이 살아가고 싶은 삶을 스스로 결정하는가, 아니면 주위의 시선과 강요에 의해 선택하는가의 문제이다. 과연 이 땅의 10대들은 자기 스스로의 결정으로 살아가고 있을까, 아니면 부모님이나 외부에서 제시하는 길로 끌려가듯 살아가고 있을까.

아직 10대인데 스스로 결정할 능력이 얼마나 있겠느냐고 물을 수 있다. 물론 인생의 중요한 결정을 혼자 힘으로 감당하기는 벅차다. 그렇지만 결정의 중심에 그 삶의 주체인 자신의 생각이 들어있어야 한다. 자신이 살아가고 싶은 삶을 바탕으로 결정돼야 한다는 말이다. 부모님이 제시해주는 길은 참고용으로 활용해야 한다.

10대가 스스로 뭔가를 결정한다는 것은 어렵다. 선택의 기준이 없어서이기도 하지만, 선택을 하면 책임질 일이 많아진다. 자기 삶을 살아가야 하는 청소년에게 선택에는 책임이 따른다는 것을 훈련할 기회도 필요하다. 그러나 자기 힘으로 뭔가를 선택해 결과가 좋지 않으면 보통 잔소리를 듣는다.

"네가 하는 일이 다 그렇지!"

"그러니까 엄마 말 들으라고 했잖아!"

이와 같은 소리를 반복해서 듣다 보면 스스로 결정하는 것이 점점 더 쉽지 않다. 어렵고 힘들어도 이런 상태를 극복해가며 자신의 선택으로 살아가는 것이 아니라 편하고 마음에 부담이 없는 쪽이 이익이라고 생각하게 된다.

10대들의 필독서 같은 소설이 있다. 바로 생텍쥐페리의 『어린왕자』이다. 책에 나오는 멋진 대사들은 인생을 살면서 무엇이 중요한지를 깨닫게 해준다. 그중에서도 마음을 울리는 대사는 '길들여

십대, 4차 산업혁명을 이기는 능력

진다'는 것의 의미다.

"내게 넌 아직 몇천, 몇만 명의 어린이들과 조금도 다름없는 아이에 지나지 않아. 그리고 나는 네가 필요 없고, 또 너는 내가 아쉽지도 않아. 네게는 내가 몇천, 몇만 마리의 여우 중 하나에 지나지 않지. 그렇지만 네가 나를 길들이면 우리는 서로를 필요로 할 거야. 내게는 네가 세상에서 하나밖에 없는 아이가 될 것이고, 네게는 내가 세상에서 하나밖에 없는 존재가 될 거니까……."

어린왕자는 여우와의 대화를 통해 자신의 별에 있는 장미꽃과의 관계를 생각한다. 장미의 투정 어린 말투가 서로를 길들이는 과정임이었음을 회상한다. 길들인다는 것은 자신도 모르게 상대에게 동화되어간다는 뜻이다. 그런데 이 과정에서 여우는 의미심장한 말을 한다. "인간들은 이미 길들여진 것만 알아요"라고 말이다.

길들여지면 끌려가게 된다. 바로 지금 어떤 선택을 내려야 할 때에도 나의 기준이 아니라 길들이고 있는 사람의 기준을 생각한다. 그 사람이 좋아할지 아닐지를 먼저 따진다. 자신은 나중이다. 스스로의 의지 없이 누군가의 강요에 의한 선택은 결코 자신의 것이 될 수 없다. 선택은 내가 했지만 그 삶은 내 것이 아니다.

18세기 철학자 마르퀴 드 콩도르세는 사람이 살아가는 모습을 두 부류로 나눈다. 스스로 생각하며 삶을 주도해가는 자와 누군가에 의해 끌려가는 자로 말이다. 나는 어떤 사람이며, 내가 원하는 삶은 무엇인가에 대한 질문에 답이 있는 사람은 삶을 주도해 나간다. 오늘 무엇을 해야 할지 알고 준비한다. 때로는 실패와 실수를할 수도 있다. 그래도 괜찮다. 그 과정에서 삶이 깊어지고 실수를줄일 수 있는 지혜를 얻기 때문이다. 스스로 뭔가를 선택했다면 무엇을 준비하고 실행해야 할지 분명히 알 수 있다.

끌려가는 자는 자신보다 끌어주는 사람을 믿는다. 끌어주는 사람의 의견을 믿고 따라가는 것이다. 이때 많은 사람이 착각하는 게있다. 끌어주는 사람이 제시해준 것이 자신의 선택이라고 믿는다는 것이다. 실제는 누군가가 가라고 하는 길을 대신 걷고 있는데,그것을 자신의 길이라고 생각한다는 말이다.

누군가가 가라고 하는 길을 걷다가 넘어지면 화살은 누구에게향할까. 당연히 그 길을 가라고 조언해준 사람이다. 책임이 자신에게 있지 않기에 그렇다. 그래서 스스로 선택하지 않으면 의외로 편하다. 하라는 것만 하면 되기 때문이다. 하라는 것만 해놓으면 마음대로 놀 수 있다. 눈치 볼 필요도 마음 졸일 필요도 없다.

4차 산업혁명 시대는 선택의 순간이 빠르게 요구된다. 시시각각 변화를 가늠하고 준비하고 대처해야 한다. 10년이면 강산이 변하는 것이 아니라 시간을 다투며 빠르게 바뀐다. 즉각적인 결정을내려야 할 때가 많아진다는 것이다. 이럴 때 자기 스스로 선택하지못하고 누군가의 지시를 기다린다면 어떨까. 4차 산업혁명 시대를 의미 있게 살아가지 못할 것이 분명하다.

　영국의 경제학자 존 메이너드 케인스는 말한다.

　"변화에서 가장 힘든 것은 새로운 것을 생각해내는 것이 아니라 이전에 갖고 있던 틀에서 벗어나는 것이다."

　지금 자신의 삶에서 벗어나야 하는 틀은 무엇인가? 그것이 보인다면 계륵의 고사를 반면교사反面教師[6]로 삼아야 한다. 쓸모가 있는 것은 아니지만 버리기에는 아까운 것에 미련을 가지면 안 된다. 쓸모가 없다고 생각되면 즉각 버려야 한다. 버리는 것이 아까워 주저하다가는 자기 삶의 주인공으로 살 수 없다.

6　다른 사람이나 사물의 부정적인 측면에서 가르침을 얻는다는 뜻이다.

인생의 궁극적인 목적은
무엇인가?

● 발본색원 ●

拔本塞源 뺄발, 근본본, 막을색, 근원원

나무를 뿌리째 뽑고 물의 근원을 없앤다는 뜻으로, 폐단의 근본 원인
을 모조리 없앤다는 것을 의미하는 말.

『좌전左傳』「소공 9년昭公九年」

춘추 말기, 주나라 왕실은 갈수록 쇠퇴했다. 당시 국경 지역인 주
왕실의 땅 감지와 진나라의 염지 사이에 국경 분쟁이 벌어졌다. 진나
라가 병력을 동원해 주나라를 치자 주나라의 경왕이 대부 첨환백을
보내 점잖게 꾸짖었다.

"나는 백부에게 있어서 마치 의복에 갓과 면류관이 있고, 나무와
물에 뿌리와 근원이 있으며, 백성들에게 지혜로운 군주가 있는 것과
같다. 백부께서 만약 갓을 찢고 면류관을 부수며, 뿌리를 뽑고, 근원
을 막고, 지혜로운 군주를 버린다면 비록 오랑캐라고 한들 어찌 한 사

람이라도 남아 있겠는가?"

이 이야기는 『좌전』 「소공 9년」에 나온다. 여기에서 '발본색원'은 "근본을 망치는 행위"를 뜻했는데, 명나라 왕양명의 제자들이 편찬한 『전습록』에서는 "폐단의 근원을 근본적으로 제거한다"는 뜻으로 쓰였다. 즉 뿌리를 뽑아버림으로써 다시 자라는 것을 막고 다시 넘쳐 흐르는 일이 없도록 한다는 말이다.

살면서 의미 있는 결과를 얻으려면 뚜렷한 목적이 있어야 한다. 인생의 궁극적인 목적을 발견해야 행복한 인생을 살아갈 수 있다. 내비게이션으로 경로를 탐색해갈 때 중요한 것이 출발 지점이라고 했다. 출발 지점이 명확하게 지정돼야 경로 탐색이 제대로 이루어진다.

출발 지점과 더불어 중요한 것이 하나 더 있다. 바로 목적지다. 목적지도 명확하게 입력이 돼야 그곳에 도착할 수 있는 다양한 경로를 알 수 있다. 목적지 없이 무작정 출발하면 원치 않는 길로 가게 되거나, 수많은 시행착오를 거치고서야 목적지에 도달하게 된다.

인생이 원래 시행착오를 거치면서 살아가는 것 아니냐고 물으면 할 말이 없지만, 평탄한 길을 갈 수 있는 방법이 있는데도 굳이 험난한 길을 선택할 필요는 없다. 그만큼 인생의 궁극적인 목적이 중요하다는 말이다. 그런데도 많은 10대들이 궁극적으로 도달해야 할 인생의 목적을 잘 모른 채 살아간다. 중요성을 깨닫지 못하는 경우도 많다.

인생의 궁극적인 목적을 알려면 자신을 살펴야 한다. 자신과 마주하는 시간이 있어야 목적지 탐색이 가능하다. 여기저기 휩쓸려 다니거나 스마트폰에 빠져 있으면 자신을 제대로 살필 수 없다. 이런 의미는 독일의 시인이자 철학자인 프리드리히 니체의 말로 이해하면 좋겠다. 니체는 이렇게 묻는다.

"인생을 쉽게 그리고 안락하게 보내고 싶은가?"

그러고서는 답을 이렇게 알려준다.

"그렇다면 무리 짓지 않고서는 한시도 견디지 못하는 사람들 속에 섞여 있으면 된다. 언제나 군중과 함께 있으면서 끝내 자신이라는 존재를 잊고 살아가면 된다."

자신의 존재를 잊고 살면 쉽게 살아갈 수 있다는 말이다. 쉽고 안락하다는 의미는 긍정이 아니라 부정이다. 자신을 잊고 살면 힘들지도 않고 괴롭지도 않다. 힘들고 괴로운 것을 느낄 수 있는 주체가 없기에 그렇다. 그래서 니체는 자기 존재를 잊고 살면 쉽고 안락하다고 이야기한다.

자기의 존재 이유를 모르면 오늘 무엇을 해야 할지 모른다. 시간이 흘러가는 대로 자신을 맡긴 채 살아갈 뿐이다. 이런 삶은 거의 대부분 즉각적인 쾌락을 추구하며 산다. 4차 산업혁명이 만들어낸 최첨단 기기들로 순간적인 만족을 느끼며 오늘을 보낸다. 스마트폰으로 게임을 하며 즐거운 시간을 보냈다면 그것만으로도 기쁘다. 유튜브로 재미있는 동영상을 클릭하며 만끽하는 것도 좋다. 그 순간 재미를 느끼고 즐겁게 보냈기 때문이다.

하지만 이런 삶은 허무하다. 다시 즉각적인 만족을 주는 것을 찾지 못하면 기쁨을 느끼지 못한다. 항상 삶이 지루하고 따분하다고 느낀다.

인간은 의미를 추구하는 동물이다. 무엇인가를 행동하고 그것이 삶에 유익이 된다는 의미를 알 때 뿌듯함도 행복감도 느낀다. 그래서 자신이 원하는 것을 적극적으로 보려고 해야 한다. 인생의 궁극적인 목적을 발견해야 행복한 삶을 살 수 있기 때문이다.

연자방아를 돌리는 소의 머리에는 검은 보자기를 씌운다. 똑같은 자리를 반복해서 돌고 있다는 것을 모르게 하기 위해서다. 소는 현재 모습을 제대로 보지 못해 제자리를 돌고 있다는 것을 모른다. 먼 길을 가는 것이라고 착각해서 지치지 않고 연자방아를 돌린다.

경마장에서 질주하는 경주마의 양쪽 눈에는 눈가리개가 부착돼 있다. 차안대라고도 하는데 말이 옆과 뒤를 볼 수 없도록 하는 장구이다. 말의 눈은 크고 둥글어 350도까지 볼 수가 있다. 고개를 돌리지 않고도 뒤를 볼 수 있는데 차안대를 착용하면 앞만 보게 된다. 겁이 많은 말의 특성상 뒤와 옆을 보다가 바짝 뒤쫓아오는 말을 보면 위험하다고 느껴 예상치 못한 행동을 할 수 있다. 그래서 앞만 보고 달리도록 차안대를 씌운다. 앞만 보게 하면 말은 오로지 결승점을 향해 전력 질주를 한다. 무엇을 위해 달리는지도 모른 채 말이다.

세계 3대 석학이라 불리는 스탠퍼드 대학교의 윌리엄 데이먼 교수가 있다. 그는 청소년들이 의미 있는 인생을 사는 것이 무엇인지에 대해 무려 30년을 연구했다. 그 연구 결과는 인생의 목적을 발견하는 것에 있었다. 인생의 궁극적인 목적을 발견하는 사람이 행복한 삶을 살아갈 수 있다는 것이다.

윌리엄 데이먼 교수는 인생의 목적을 대하는 사람을 네 가지 유형으로 나눠 설명한다. 그것은 확고한 목적이 있는 자, 허황된 꿈만 꾸는 자, 이것저것 찔러보는 자, 아무 관심도 없는 무관심자다. 그의 연구 결과로는 인생의 목적을 품고 있는 청소년은 20퍼센트에 지나지 않았다. 그는 인생의 확고한 목적을 발견하기 위해서는 다음의 세 가지 질문에 대한 답을 찾아야 가능하다고 했다.

첫째, 나에게 중요한 것은 무엇인가?
둘째, 왜 이것이 중요한가?

셋째, 내 삶에서 궁극적으로 하고자 하는 바는 무엇인가?

이와 같은 질문을 스스로 던지고 인생의 목적을 발견할 수 있도록 해야 한다. 자기 삶을 살펴서 인생의 궁극적인 목적을 발견하지 못하도록 방해하는 요소들은 발본색원해야 한다.

10대들이여, 이제부터는 자신의 삶을 가리고 있는 요소들을 발본색원하자. 자신의 눈을 가리고 있는 보자기와 차안대를 벗어던져야 한다. 그런 후 자기 내면을 바라봐야 한다. 인생에서 진짜 이루고 싶은 것이 무엇이며, 왜 그것을 하고 싶은지, 왜 그것이 중요한지 질문을 던져야 한다. 그렇게 설정된 삶의 목적은 오늘의 삶을 이끌어주는 단기적인 목표가 된다. 왜 해야 하는지 동기가 부여되면 누가 시키지 않아도 스스로 해야 할 일이 보이고 그 일을 찾아서 실천한다. 이로써 삶이 주도적으로 바뀌는 것이다. 자기 삶에 의미 있는 변화가 일어나 좋은 쪽으로 인생이 흘러간다. 이런 좋은 삶으로 항해를 하려면 먼저 발본색원이 이루어져야 가능해진다.

격물치지(格物致知)의 격은 바르게 한다는 뜻이며, 물은 외부세계의 사물이 아니라 사람의 마음이 향하고 있는 대상을 가리킨다. 저는 지식이 아니라 사람이 날 때부터 지니고 있는 자연스럽고 영묘한 마음의 기능을 말한다. 즉 도덕적 실천이 중요하다는 뜻이다.

- 명나라의 왕양명

생각의 힘

암기가 아니라 알아내는 힘이 능력이다

암기가 아니라
알아내는 힘이 능력이다

● 상전벽해 ●

桑田碧海 뽕나무 상, 밭 전, 푸를 벽, 바다 해

푸른 바다가 뽕나무밭으로 변했다가 그 뽕나무밭이 다시 푸른 바다로
변한다는 뜻으로, 세상이 몰라볼 정도로 바뀐 것을 의미하는 말.

갈홍 『신선전神仙傳』

옛날에 채경이란 귀족이 있었는데 선도에 몹시 심취해 그 자신이
반신선이나 다름없었다. 채경은 어느 날, 왕방평이란 선인을 자기 집
에 초대했다.

오색 깃발이 무수히 나부끼는 속에 왕방평이 용 네 마리가 끄는 수
레를 타고 시종들과 함께 하늘에서 내려왔다. 왕방평은 채경의 부모
를 만나서 인사를 한 후 사람을 시켜 마고를 오게 했다.

이윽고 마고가 도착했다. 나이는 열여덟쯤이었다. 머리를 두 가닥
으로 나누어 둥글게 상투를 틀어 올리고 나머지는 허리까지 늘어뜨

린 데다 아름답기 그지없는 비단옷을 걸친 선녀의 모습이었다.

마고는 왕방평과 인사를 나눈 후 채경과도 인사를 했다. 그녀가 움직일 때마다 신비로운 향기가 살짝살짝 풍겨 나왔다.

왕방평이 가져온 음식을 펼쳐놓았다. 커다란 금 접시에 담긴 음식은 대부분 선계의 과일이었고, 옥으로 만든 술병과 술잔도 있었다. 음식을 먹으면서 마고가 말했다.

"소녀는 신을 섬기고부터 지금까지 '동해 푸른 바다가 세 번 뽕나무밭으로 변하는 것'을 보았답니다. 그뿐만 아니라 이제는 봉래 앞바다도 얕아져서 육지가 되려고 한답니다."

채경을 비롯한 집안사람들은 그 말을 듣고 벌어진 입을 다물 수가 없었다.

잔치가 끝나자 왕방평과 마고는 각각 올 때의 행차 그대로 떠나갔다. 사람들은 두 행렬이 사라진 뒤까지 넋이 빠져 멍하니 하늘을 쳐다보고 있었다.

동해가 여러 번 뽕나무밭으로 변했다는 마고의 말에서 '상전벽해'라는 말이 유래되었다.

그야말로 상전벽해 같은 세상이 펼쳐지고 있다. 2016년에 4차 산업혁명 시대가 도래했다는 이야기가 발표된 지 몇 년 되지 않았는데도 세상은 깜짝 놀랄 정도로 바뀌고 있다. 어제 신제품을 샀는데 오늘 업그레이드된 새로운 모델이 등장한다. 인공지능과 연결된 다양한 지능적인 제품들이 쏟아지며 사람들을 유혹하는 일이 하루가 멀다 하고 벌어지고 있다.

최첨단 기기들에만 상전벽해 같은 일이 벌어지고 있는 것은 아니다. 교육도 하루가 다르게 변하고 있다. 세계적인 대학과 선진국들은 4차 산업혁명 시대를 수십 년 전부터 준비해왔고 이미 실행하고 있다. 어떻게 하면 인공지능의 노예가 되지 않고 그것을 잘 다스릴 것인지를 고민한 흔적이 엿보인다.

그런데 우리 10대들의 현실은 희망적이지 못하다. 여전히 3차 산업혁명 시대에 어울리는 교육 체계 속에서 살아가고 있기 때문이다. 입시 교육의 틀에서 벗어나지 못하고 기계처럼 반복 학습에 매달린다. 누군가 알아낸 지식을 있는 그대로 받아들이며 암기한다. 주입식으로 진행되는 교육 속에서 얼마나 많이 암기하고 있느냐로 실력을 평가받기에 어쩔 수 없다. 잘 암기하고 있어야 좋은 성적을 받고 원하는 대학에 진학할 수 있기 때문이다.

4차 산업혁명 시대를 명명했던 다보스 포럼(세계경제포럼)에서 발표한 『미래고용보고서』에서 앞으로 필요한 교육 목표를 발표했다. 그것은 복잡한 문제를 푸는 능력, 비판적 사고, 창의력, 협업 등이 핵심 능력이다. 이런 능력을 키우는 교육이 진행돼야 한다고 조언한다. 인공지능의 핵심이 스스로 학습하고 추론하고 판단하는 능력을 갖추고 있기에 이와 같은 역량이 필요하다고 주장한다.

이 말을 종합해보면 미래 인재가 되기 위해서는 주입식 암기가 답이 아니라는 것을 알 수 있다. 앞으로는 기존의 지식과 정보를 기반으로 새로운 지식과 정보를 창출해내는 능력이 필요하다. 이 능력이 바로 '알아내는 힘'이다. 아는 것이 많은 사람이 아니라 알아내는 힘이 강한 사람으로 변화가 이루어져야 한다는 말이다.

우리나라의 교육 체계는 일본의 영향이 크다. 일본이 만들어놓은 체계가 아직도 유지되고 있다. 그런데 일본은 우리와 같은 입시교육을 더 이상 하지 않겠다며 교육 개혁을 단행했다. 4차 산업혁명 시대를 의미 있게 준비하려면 입시 교육으로는 답을 찾을 수 없다고 생각했기 때문이다. 2013년 6월 일본은 2020년까지 입시 교육을 철폐하고 국제 바칼로레아International Baccalaureate[7] 교육과정을 공교육에 도입한다고 발표했다. 암기가 아니라 알아내는 힘을 키우겠다는 것이다.

일본이 앞으로 하려는 교육은 다음과 같은 여섯 가지 주제에 대해 스스로의 생각을 정립하는 것에 있다.

---

[7] 1968년 스위스 제네바에 설립된 교육기관으로 스위스 국제학교와 유네스코가 협력해 만든 비영리 국제기구이다.

첫째, 나(우리)는 누구인가?

둘째, 나(우리)는 어떤 장소와 시대에서 살아가고 있는가?

셋째, 나(우리)는 자신을 어떻게 표현해야 하는가?

넷째, 만물은 어떻게 기능하고 있고, 세계는 어떻게 움직이고 있는가?

다섯째, 나(우리)는 어떻게 자신을 조직하고 사회를 체계화할 수 있는가?

여섯째, 내(우리)가 지구에서 다른 생물들, 다른 사람들과 공존하려면 어떻게 해야 하는가?[8]

알아내는 힘을 키우는 첫 단추는 '나는 누구인가'에 대한 질문이다. 1장에서 말한 '나는 어떤 사람인가'라는 질문과 같다. 삶의 주인으로 자기 존재 이유를 아는 것이 기본 역량이다. 일본은 이런 역량을 키우기 위해 책을 읽고 서로 대화하고 토론하고 글을 쓰고 나누는 방식을 도입했다.

사실 4차 산업혁명 시대에만 알아내는 힘이 강한 사람이 앞서가는 것은 아니었다. 이미 3차 산업혁명 시대에도 최상위 권력자와 지식인들의 공통점은 알아내는 힘이 강한 사람들이었다. 그들은 기존의 지식과 정보를 바탕으로 새로운 가치를 창출하며 세상을

---

8 『에이트』. 이지성. 차이정원. 2019.

주도했다. 다른 사람들이 미처 알지 못하는 사실들을 발견해 앞서 나간 것이다. 이들이 세계 질서를 새롭게 재편하면 세상은 그들을 따라잡기 위해 혈안이 되었다. 스티브 잡스 때문에 느닷없이 우리나라에 인문학 열풍이 불어닥치지 않았는가.

2016년 4차 산업혁명 시대가 되었다고 발표할 때 이세돌과 한판 바둑을 펼친 알파고는 베타 버전이었다. 그 후 알파고는 진화를 거듭해 마스터 버전으로 업그레이드했다. 마스터 버전은 중국의 신예 기사 커제와 대결해서 전승을 거두었다. 마스터 버전이 나온 후 인공지능은 한 번도 인간에게 지지 않았다. 그런데 이제는 제로 버전이 나왔다. 인간의 능력으로는 도저히 이길 수 없는 인공지능이 탄생한 것이다. 이런 인공지능을 보고 이세돌은 바둑계를 은퇴했다. 인공지능을 이길 수 없다면 굳이 바둑을 둘 필요가 있겠냐는 것이었다. 그야말로 상전벽해 같은 세상이 된 것이다.

상전벽해 같은 세상이 펼쳐지고 있는데도 여전히 주입식, 암기식에 매달리고 있다면 우리에겐 희망이 없다. 설령 교육 체계가 주입식이어도 스스로 알아내는 힘을 키우는 것에 시간을 투자하고 역량을 집중해야 한다. 혼자 힘으로 부족하면 친구들과 동아리를 만들어서라도 알아내는 힘을 키우는 데 힘을 쏟아야 한다. 서로 머리를 맞대고 알아내는 힘을 키워간다면 4차 산업혁명 시대는 불안한 미래가 아니라 설레는 미래가 될 것이다.

알아내는 힘을 키우는
생각 근력 키우기

● 절차탁마 ●

切磋琢磨 끊을 절, 갈 차, 다듬을 탁, 갈 마

옥돌을 자르고 줄로 쓸고 끌로 쪼고 갈아 빛을 낸다는 뜻으로, 학문이
나 인격을 갈고 닦음을 의미하는 말.

『시경詩經』

어느 날, 제자 자공이 공자에게 물었다.

"사람이 가난해도 아첨하지 않으며, 부유해도 교만하지 않으면 어
떻습니까?"

"그것도 좋다. 그러나 가난하되 배움을 즐길 줄 알며, 부유하되 예
법을 좋아하는 사람보다 못하느니라."

"『시경』에 '절차탁마'라는 구절이 나오는데, 선생님 말씀은 바로
이를 말하는 것입니까?"

자공의 말에 공자가 감탄하며 말했다.

"자공아, 이제야 너와 더불어 『시경』을 논할 수 있구나. 하나를 들으면 열을 알듯, 지나간 것을 알려주었더니 앞으로 올 것까지 아는구나."

절차탁마는 『시경』에 나오는 말인데 옥을 다듬는 과정을 알면 이해가 쉽다. 옥은 먼저 원석을 모양대로 자르는 절切, 옥돌에서 필요 없는 부분을 줄로 없애는 차磋, 끌로 쪼아 원하는 모양대로 만드는 탁琢, 윤이 나도록 숫돌로 갈고 닦는 마磨의 과정을 거친다. 원석을 잘 갈고 다듬어 훌륭한 옥구슬을 만들어내듯이 사람도 목표를 세우고 쉼 없이 노력하면 성공에 이를 수 있다는 말로 활용된다.

알아내는 힘은 기존의 지식과 정보를 있는 그대로 받아들이는 것이 아니다. 선생님이 중요하다고 콕 집어주는 것과 시험에 나올 만한 것을 무턱대고 풀어보고 암기하는 방식이 아니라는 말이다. 이것은 자신이 추구하는 목적을 설정하고 기존에 있는 지식과 정보를 활용해 새로운 것을 만들어내는 능력을 말한다.

먼저 자신이 추구하고 달성하려는 목표가 있어야 한다. 그래야 그것을 이룰 수 있는 것들에 궁금증이 생기고 탐구하려는 적극성이 꿈틀거린다. 궁금하고, 알고 싶고, 문제를 해결하고 싶은 욕구를 풀어나가는 과정에서 알아내는 힘이 극대화된다.

주입식 교육에서 암기를 하려면 많은 시간이 필요하다. 원리를 파악해야 하고 공식을 이해해야 암기도 효과적으로 할 수 있다. 암기를 하는 데도 체계가 필요하지만 알아내는 힘을 키우는 데는 더 많은 노력과 시간이 필요하다. 단기간에 강화되지 않는다는 말이다. 생각의 근력이 단단해지고 향상돼야 완성된다. 생각의 근력은 알아내는 힘을 키우는 세포조직이다. 세포조직이 탄탄하지 않으면 생각의 근력은 형성되기 힘들다.

그럼 생각의 근력은 어떻게 향상시킬 수 있을까. 가장 효과적인 도구는 독서다. 독서가 생각의 근력을 키우는 데 최고의 도구이자 마지막 퍼즐이다.

일본이 4차 산업혁명 시대를 준비하며 단행한 교육 개혁의 중심에는 독서가 자리 잡고 있다. 좋은 책을 읽고 토론하고 글을 쓰는 것이 핵심이다. 책을 읽고 서로 다른 생각이 충돌하는 과정을 통해 생각의 근력이 키워진다는 것이다. 책에서 전하는 메시지를 있는 그대로 받아들이지 않고 치열하게 생각하고 토론하며 자신의 논리 체계를 갖추는 과정이 필요하다.

4차 산업혁명 시대를 주도하는 민족은 유대인이다. 유대인들은 과거에서부터 현재까지 정치, 경제, 산업, 서비스, 문화 등 전 분야에서 세계 최고를 달리고 있다. 세계 인구의 0.2퍼센트에 지나지 않는 인구 비율로 엄청난 능력을 가질 수 있게 된 이유는 어디에 있을까. 바로 독서 교육에 있다.

수많은 전문가들이 유대인의 성공 비결을 연구했다. 결론은 그들의 공부법에 성공 비결이 있었다. 유대인들이 교육에서 제일 강조하는 세 가지 중 첫째가 독서다. 둘째는 당연히 여기지 않는 자세다. 그래서 모든 것에 의문을 품고 끊임없이 질문을 던지는 자세를 강조한다. 셋째는 실패를 두려워하지 않는 태도다. 이 세 가지 요소를 덧입힐 수 있는 교육이 바로 하브루타Havruta이다. 하브루타는 친구, 부모, 선생님과 짝을 지어 질문하고 대화하고 토론하고 논쟁하는 공부법이다.

책을 읽어야 좋은 질문을 던질 수 있다. 토론과 대화는 배경지식이 있어야 깊이가 더해진다. 아는 것이 없으면 몇 마디 하고 나서 더 이상 할 말이 없다. 독서를 통한 배경지식이 쌓여 있어야 효과적인 대화와 토론으로 이어질 수 있다. 하브루타는 말 잘하는 스킬을 배우는 것이 아니라 논리력과 상상력, 창의적인 사고를 바탕으로 합리적이고 비판적인 사고를 기르는 것에 의미가 있다. 이 과정에서 생각의 근력이 키워지고 창의적인 사고가 형성돼 세상을 주도하는 능력으로 탈바꿈된다.

오직 독서만으로 세계적인 학교가 된 곳도 있다. 바로 미국의 세인트존스 대학교이다. 이 대학은 전공도 교양과목도 없다. 교수가 나서서 강의도 하지 않는다. 그들이 하는 공부는 4년 동안 고전

100권을 읽고 토론하고 글을 쓰는 게 전부다. 학생들은 책을 읽고 토론하고 글을 쓰면서 생각의 근력을 키운다.

우리나라에서도 서서히 독서를 통해 생각의 근력을 키우는 데 관심을 기울이고 있다. 카이스트 정재승 교수는 2020년 융합인재학부를 만들었다. 이 학부는 A, B, C, D 학점이 없다. 책 100권을 읽고 서평(원고지 50장 이상)을 쓰거나 책과 관련된 내용으로 유튜브에 2시간짜리 영상을 업로드하면 학점을 인정해준다. 서평을 쓰고 영상을 찍는 과정에서 생각의 근력이 강화되고 어떤 특정 분야라는 걸림돌을 넘어 스스로 생각하는 능력을 가진 인재가 될 수 있다는 말이다.

책만 읽고 글을 쓰는 것이 쉽다고 생각하는 10대들이 있을지 모르겠다. 어려운 수학문제 안 풀고, 영어 단어도 외울 필요가 없으니 오히려 좋다고 생각할 수도 있겠지만 실제는 그렇지 않다. 인간 삶의 근원을 파헤치는 인문고전을 읽고 그 안에 감춰진 인생의 정수를 뽑아내는 일은 그리 간단치 않다. 누가 정답을 알려주지도 않고 오롯이 혼자 힘으로 두꺼운 책과 씨름해야 한다. 이 과정에서 생각이 깊어지고 시야도 넓어진다.

세인트존스 대학교 졸업생들이 전공 공부 없이 졸업을 했기 때문에 사회에서 어려움을 겪을 것 같은데, 그렇지 않다. 사회에 진출하면 오히려 자신의 진가를 톡톡히 드러낸다. 생각의 근력이 키워졌기 때문에 업무와 관련된 지식을 아주 쉽게 받아들이고 빠른 시간에 습득이 가능하다.

프랑스의 대학 입시는 생각의 근력 없이 풀 수 없다. 철학적인 물음에 논문 형태로 답을 작성하는 바칼로레아 시험이기에 그렇다. 정답이 없는 아주 짧은 질문에 자신의 생각에 논리를 덧입혀 글로 풀어내야 좋은 점수를 받는다. 이 시험을 무려 200년 동안 이어오고 있다. 그래서인지 프랑스는 세계에서 네 번째로 많은 노벨상 수상자를 배출한 국가가 되었다.

알아내는 힘은 생각의 근력이 뒷받침돼야 극대화된다. 생각의 근력이 없으면 알아내는 능력도 형성되지 않는다. 그러므로 독서에 힘써야 한다. 절대 무작정 읽기만 하면 안 된다. 아무 생각 없이 읽으면 아무것도 얻을 수 없다. 반드시 곰곰이 생각하고, 다른 사람과 토론이 가능할 정도로 내용을 파악하고 배경지식도 덧입혀야 한다. 책에 있는 내용을 자신이 추구하는 대로 자르고 없애며 만들어 윤이 날 때까지 갈고닦아야 한다. 생각의 근력이 탄탄해질 때까지 절차탁마하면 알아내는 힘도 강해진다.

알아내는 힘은
논리적 사고력 위에서 생성된다

● 낭중지추 ●

囊中之錐 주머니 낭, 가운데 중, 어조사 지, 송곳 추
- -
주머니 속의 송곳이란 뜻으로, 재능이 뛰어난 사람은 숨어 있어도 저
절로 사람들이 알게 됨을 의미하는 말.

사마천 『사기史記』 「평원군우경열전平原君虞卿列傳」

전국 시대 말, 조나라가 진나라의 침략을 받아 멸망의 위기에 처하
게 되었다. 조나라 혜문왕은 초나라에 구원병을 청하기 위해 평원군
조승을 사신으로 보냈다. 조승은 문무를 겸비한 20명을 뽑아 초나라
로 가려고 하는데 아무리 골라도 마음에 드는 사람이 19명밖에 되지
않았다. 나머지 한 명을 뽑지 못해 고민하고 있을 때 모수라는 사람이
자진해 나서며 말했다.

"저를 그 일행에 끼워주십시오."

모수의 행동이 마음에 들지 않은 평원군이 물었다.

"그대는 내 집에 온 지 몇 해나 되었소?"

"3년쯤 되었습니다."

"재능이 있는 사람은 주머니 속의 송곳과 같아서 그 끝이 드러나기 마련이오. 그런데 그대는 내 집에서 지낸 지 3년이나 흘렀지만 주위 사람들이 그대를 칭찬한 것을 들어보지 못했소. 이것은 그대가 재능이 없다는 뜻 아니겠소?"

평원군의 말에 모수는 벌떡 일어서며 말했다.

"저의 재능이 드러나지 않은 것은 나리께서 저를 주머니 속에 넣어주지 않았기 때문입니다. 만약 지금이라도 주머니 속에 넣어주시기만 한다면 송곳 끝뿐만 아니라 그 자루까지 드러내 보이겠습니다."

평원군은 모수의 재치 있는 말이 마음에 들어 모수를 일행에 포함시켜 초나라로 갔다.

평원군이 온갖 말로 설득을 해도 겁 많은 초나라 왕이 쉽게 결정을 내리지 못할 때 모수가 나서서 이렇게 말했다.

"대왕께서 신을 꾸짖는 것은 초나라 군사가 많은 것을 믿기 때문입니다. 그러나 지금 대왕과 신과의 거리는 열 걸음밖에 되지 않습니다. 지금 초나라는 땅이 넓고 군사가 강한데도 두 번, 세 번 진나라에 패해 어쩔 줄 모르고 있는 실정입니다. 이것을 볼 때 조나라와 초나라가 동맹을 맺으면 조나라보다 초나라가 더 이익일 것입니다."

초나라 왕은 모수의 말에 고개를 끄덕이며 구원병을 보내겠다는 약속을 했다.

십대, 4차 산업혁명을 이기는 능력

모수는 함부로 나서지 않고 자신에게 기회가 오기를 기다렸다. 그리고 그 기회가 왔을 때 보란 듯이 자신의 역량을 발휘했다. 그 역량의 중심에는 논리적 사고력이 있었다. 문제가 무엇인지 분별하는 능력이 있었던 것이다. 그리고 자신이 가진 지식과 정보를 동원해 그 문제를 해결했다. 낭중지추는 4차 산업혁명 시대를 살아가는 10대들이 눈여겨봐야 할 고사성어다.

　3차 산업혁명 시대에는 정보를 많이 가진 사람이 앞서갔다. 남들이 모르는 고급 정보를 많이 알고 있는 사람이 상위 계층으로 올라갈 수 있었다. 하지만 4차 산업혁명 시대에는 많이 안다고 해서 그것이 자신의 역량으로 연결되지 않는다. 정보가 공유되는 시대이기에 그렇다. 고급 정보든 연예인의 사생활이든 정보를 손쉽게 접할 수 있는 시대다. 하루에도 수많은 정보들이 쏟아지고 10대들이 접하는 정보량도 어마어마하다. 이렇게 엄청난 정보가 다가와도 그것이 자신의 능력으로 연결되지 않는다.

　가짜 정보도 넘쳐난다. 무엇이 진짜인지 가짜인지 구별하기 힘든 세상이다. 믿을 만한 사이트나 신문사의 뉴스 중에도 신뢰할 수 없는 내용이 많다는 것이다. 논리적 사고력이 뒷받침되지 않으면 무수한 정보들은 한낱 쓰레기에 지나지 않는다.

그럼 어떻게 해야 쏟아지는 정보를 자신의 것으로 만들 수 있을까. 수많은 정보를 활용해 자기 역량을 성장시키려면 논리적 사고력이 뒷받침돼야 가능해진다. 논리적 사고력이 핵심 열쇠가 되는 것이다.

논리적 사고력은 첫째, 문제가 무엇인지를 알아내는 능력을 말한다. 현재 자기 삶의 문제가 무엇이고, 학교의 문제, 교육의 문제, 사회의 문제가 무엇인지를 파악할 줄 아는 능력이다. 문제를 파악하려면 깊게 생각할 줄 알아야 한다. 깊게 생각하는 것은 생각의 근력이 탄탄해야 가능하다. 그래서 독서력으로 생각의 근육을 단단하게 만드는 것이 중요하다. 생각의 근육들이 탄탄해야 논리적 사고력이라는 기초가 만들어지기 때문이다.

자기 삶의 문제가 무엇인지 알면 오늘을 어떻게 살아야 할지도 알게 된다. 해야 할 공부, 준비해야 할 역량, 읽어야 할 책, 운동, 취미 등 다양한 영역에서 자연스럽게 질서가 잡힌다. 문제가 무엇인지 알면 답은 어렵지 않게 찾아낼 수 있다.

둘째, 지식의 활용력이다. 논리적 사고력을 향상시키려면 자신이 가진 지식을 활용할 줄 알아야 한다. 문제를 해결할 때 필요한 지식을 가져다가 체계화하고 구조화하는 것이다. 흩어져 있는 지식의 낱알들을 하나의 보석으로 만드는 과정이라고 보면 된다. 조나라의 모수라는 사람이 초나라에 구원병을 요청할 때의 과정을 살펴보면 이해하기 쉬울 것이다.

자신의 지식을 제대로 활용하려면 분류가 제대로 돼 있어야 한다. 장르별로, 과목별로 분류가 돼 있으면 원할 때 바로바로 활용이 가능하다. 효과적으로 분류해놓지 않으면 필요할 때 바로 써먹기 힘들다. 마트나 도서관에서 필요한 물건과 책을 효과적으로 찾을 수 있는 이유가 무엇인지 알 것이다. 분류가 잘 돼 있기 때문이다. 라면, 과자, 식품, 장류, 고기 등으로 분류를 잘 해놓으니 누구나 쉽게 찾을 수 있다. 도서관은 십진분류법을 활용해 체계적으로 분류해놓아서 수많은 책 속에서도 원하는 것을 쉽게 찾아낼 수 있다.

　셋째, 문제를 해결하는 능력이다. 문제가 무엇인지 알았다. 자신이 지금까지 배우고 익힌 지식들을 활용할 능력도 갖추었다. 그렇다면 그다음은 자신에게 쌓여 있는 지식과 정보를 바탕으로 세상에 있는 모든 정보를 활용해 문제를 해결할 수 있어야 한다. 문제를 해결하려면 논리가 뒷받침돼야 한다. 상대가 고개를 끄덕일 수 있는 이유와 근거가 마련돼야 한다는 말이다. 무턱대고 주장만 해서는 문제를 해결하기 힘들다. 모두가 공감하고 고개를 끄덕일 만한 논리가 있어야 문제를 해결할 수 있다.

　여기까지 이야기를 읽고 나서도 무엇을 어떻게 해야 할지 그림이 그려지지 않는 10대들을 위해 아주 기초적인 훈련법을 소개하겠다. 바로 요약이다. 요약은 논리적 사고력을 키우는 데 아주 효과적이다.

요약을 잘하려면 먼저 발췌 능력이 필요하다. 발췌는 중요한 것을 끄집어내는 능력을 말한다. 중요한 것이 무엇인지 모르면 제대로 된 요약을 할 수 없다. 읽은 책, 상대가 하는 말의 핵심을 파악하지 못하면 요약도 물 건너간다. 요약의 첫 단추는 생각의 근력이 탄탄해야 가능하다.

두 번째는 발췌된 것을 자신의 언어로 재해석해 풀어내는 것이다. 책에 있는 내용을 있는 그대로 베끼는 것이 발췌라면 요약은 그 핵심 내용을 자신의 언어로 재구성해 풀어내는 능력이다. 이걸 훈련하면 논리적 사고력은 저절로 향상된다.

마지막 하나를 추가한다면 요약된 것을 다른 사람에게 효과적으로 설명할 수 있어야 한다. 실력 있는 사람은 설명을 잘하는 사람이다. 의사가 병을 진단하고 효과적으로 병의 원인과 치료 방법을 설명해주지 못하면 실력 있는 의사라고 말할 수 없다. "알긴 알겠는데 설명이 어려워요"라는 말은 제대로 모른다는 말과 같다.

평원군은 그럴듯한 말로 초나라 왕을 설득하려 했지만 역부족이었다. 왜 그랬을까. 논리적 사고력이 부족했기 때문이다. 반면 모수는 문제를 제대로 파악하고 해결책을 설명했기에 초나라 왕으로부터 구원병을 보내겠다는 약속을 이끌어낼 수 있었다. 이게 논리적 사고력이 있느냐 없느냐의 차이점이다.

10대 시기는 준비하는 기간이다. 무엇보다 알아내는 힘을 키우기 위해 준비할 수 있어야 한다. 생각의 근력을 키우고 논리적 사고력을 향상시키는 노력이 필요하다. 두 가지 능력만 갖추고 있어도 사람들이 저절로 알아볼 것이다. 그리고 기회가 왔을 때 보란 듯이 낭중지추의 역량을 발휘하라. 그러면 세상은 여러분을 주목할 것이고 바라는 소망도 이룰 수 있을 것이다.

의문을 품고
질문하고 대답하기

● 암중모색 ●

暗中摸索 어두울 암, 가운데 중, 찾을 모, 찾을 색

어둠 속에서도 더듬어 찾는다는 뜻으로, 막연한 상황에서도 일의 실마
리나 해결책을 찾아내려고 노력하는 것을 의미하는 말.

유속 『수당가화隋唐嘉話』

당나라 3대 황제 고종이 왕씨를 폐하고 무씨를 왕후로 맞이하려고
했다. 장손무기 등의 중신들은 왕씨를 지지했고, 허경종은 무씨를 옹
립하려는 측의 중심인물이었다.

허경종의 뜻대로 무씨가 결국 황후가 되었다. 고종이 병들어 죽자
스스로 천후라 일컬으며 왕위에 오른 이가 바로 무씨, 즉 측천무후이
다. 그녀는 스스로 왕위에 오르고 국호를 주周로 고쳤다.

허경종은 측천무후 시대에 재상이 되었다. 뛰어난 문장가였으며
학문도 높았다. 그러나 건망증이 심해 만나는 사람의 얼굴을 자주 잊

심대, 4차 산업혁명을 이기는 능력

어버렸다.

누군가가 허경종에게 이렇게 물었다.

"당신은 학문은 깊지만 사람을 잘 기억하지 못하니 이는 일부러 모른 척하는 것이 아니고 무엇이겠소?"

허경종이 대답했다.

"평범한 사람의 얼굴은 기억하기 힘들지만 만일 하손, 유효작, 심약, 사조 같은 문단의 대가들을 만나면 어둠 속에서 더듬어 찾더라도 기억할 수 있소."

비록 기억력은 좋지 않지만 잘 알려진 사람은 어둠 속에서도 찾아낼 수 있다는 의미로 한 말이다. 여기서 암중모색이 유래됐다.

어둠 속에서도 더듬어 찾을 수 있을 정도가 되려면 얼마나 노력해야 할까. 보이지 않는 곳에서 손의 감각만으로 전체를 유추하고 그것이 무엇인지를 알아내는 것은 평소에 어떻게 생각하고 행동하느냐에 따라 달라진다.

한 치 앞을 예측하기 힘들 때 어떻게 하면 나아갈 길을 찾을 수 있을까? 누군가 가라는 대로 가는 것이 아니라 자신이 가야 할 곳이 어디인지 먼저 자신에게 물어야 한다. '내가 가고 싶은 길은 어디인가?' '그곳에 도달해 무엇을 하고 싶은가?' '그것으로 사회에 궁극적으로 나타낼 나의 영향력은 무엇인가?'에 대한 의문이 있어야 답을 찾을 수 있다. 알아내는 힘도 바로 이 의문에서 시작된다.

"학문은 반드시 의문을 일으켜야 한다. 의문을 일으키지 않으면 얻어도 야물지가 않다. 의문이란 의심하고 머뭇대면서 결정하지 못하는 것을 말하는 것이 아니다. 이렇게 해야 옳은 줄 안다면 반드시 이렇게 하면 안 된다는 것도 아울러 살펴야 한다. 그래야 비로소 제대로 얻게 된다. 그렇지 않으면 어떤 사람이 혹 잘못된 것을 옳다고 우겨도 대응할 수가 없다."

조선 시대 실학자 이익이 『성호사설』을 통해 한 말이다. 의문이 일어나야 야물어진다고 했다. 의문은 내면에서 궁금증이 생겼다는 증거다. 의문은 호기심이다. 알고 싶고 해결하고 싶은 마음이다. 의문이 있어야 비로소 해답의 실마리를 알아낼 방법을 찾게 된다.

이러한 의미를 정확하게 꼬집어 이야기한 사람이 있다. 바로 요한 볼프강 폰 괴테이다. 그는 의문의 중요성을 이렇게 말한다.

"의문은 언제까지나 의문 수준에 머물러 있지는 않아. 의문은 정신을 자극하여 더욱 상세한 연구와 시험을 하도록 하고, 이것이 완전한 방식으로 이루어지면 우리는 거기서 확신을 가지게 되지. 바로 이것이 목표이며, 여기서 인간은 완전한 만족감을 느끼게 되네. 통찰력을 얻었다고 할 수 있지. 우리가 의문을 통해 끌어낼 수 있는 최고의 수확이 바로 그것이야."

십대, 4차 산업혁명을 이기는 능력

그럼 이제부터 자기 삶에 대해 의문을 가져보라. 내가 좋아하는 일이 어떻게 직업과 연결될 수 있을지, 그 직업은 4차 산업혁명 시대에도 꿋꿋하게 살아남을 수 있을지, 아니면 다른 직업과 융합해 새로운 직업으로 재탄생될지, 내가 추구하는 일과 가치는 과연 나와 사회에 긍정적인 도움을 줄 수 있을지 등등. 자기 삶에 의문을 던질 일은 너무나 많다.

그런데도 우리 10대들은 별 의심과 의문 없이 살아간다. 가만히 있으라고 하면 왜 가만히 있어야 하는지도 모른 채 가만히 있는다. 독서가 중요하다고 하면 왜 중요한지 의문을 가지지 않고 읽으라고 한 책을 무작정 읽는다. 그러다 보니 성장이 더디다. 의문이 없으니 야물지가 않은 것이다. 의문이 생기면 모든 게 궁금해 스스로 해결 방법을 찾아 나서게 되는데 그렇지 못하다는 말이다.

의문이 일어난 것으로 끝나면 볼일 보고 뒤처리하지 않은 것처럼 개운치가 않다. 의문이 일어나면 그 의문을 해결할 다음 단계가 필요하다. 의문이라는 물음표를 느낌표로 만들어줄 도구가 있다. 그것은 바로 질문이다. 반드시 질문이 뒤따라야 의문의 실마리가 풀린다.

"질문이 정답보다 중요하다. 죽을 상황에 부닥쳤고 목숨을 구할 방법을 단 한 시간 안에 찾아야 한다면, 한 시간 중 55분은 올바른 질문을 찾는 데 사용하겠다. 올바른 질문을 찾고 나면 정답을 찾는 데는 5분도 걸리지 않기 때문이다."

이 이야기는 아인슈타인의 말이다. 그는 효과적인 답은 좋은 질문에서 비롯된다고 했다. 맞는 말이다. 좋은 질문 하나만 잘 던져도 인생이 바뀐다. 유대인의 학습법 중심에는 질문이 있다. 하브루타 공부법의 핵심도 질문이다. 유대인은 학교에 다녀온 자녀들에게 묻는다. "오늘은 선생님에게 무슨 질문을 했니?"라고 말이다.

우리 문화와는 어울리지 않지만 이제부터라도 자꾸 질문을 던지는 훈련이 필요하다. 질문 많이 한다고, 질문으로 수업 분위기 흐트러뜨린다고 선생님에게 혼이 나도 좋은 질문을 던져라. 자기 삶에 의문을 품고 그 의문을 해결할 질문을 하루에 다섯 개씩만 던져보자. 그러면 진짜로 삶이 달라진다. 끌려가는 삶이 아니라 자기 주도적인 삶을 살 수 있다. 하지 말라고 뜯어말려도 꼭 하고 싶은 일도 발견하게 될 것이다. 늘 의문을 품고 질문을 던지는 일이 습관이 되어야 한다.

질문을 던진 후 남은 과정이 하나 있다. 바로 질문에 따른 답을 내릴 수 있어야 한다. 답을 내리지 않고 질문만 한다면 머리만 아프다. 어떻게든 질문에 답을 찾아내야 야물어지고 알아내는 힘도 향상된다. 이 의미는 니체의 말로 이해하면 좋겠다.

"'왜?'라는 의문부호에 스스로 답을 제시할 수 있어야만 무엇을 어떻게 해야 할지 알게 되고, 그럼으로써 이제 그 길을 가는 일만 남게 되는 것이다."

십대, 4차 산업혁명을 이기는 능력

우리가 공부를 하는 목적은 내면에 지식과 정보를 쌓아두기 위한 것이 아니다. 끊임없이 듣고, 읽고, 암기하는 것은 얼마나 많이 배웠느냐가 아니라는 말이다. 앞으로 지식과 정보는 쌓아둘 필요 없이 검색만으로도 찾아낼 수 있다. 물론 알아내는 힘을 키우는 데 지식과 정보는 필요하다.

　그러나 배움의 진정한 목적은 지식과 정보를 활용해 새로운 것을 창조해내는 것에 있다. 문제를 알아보고, 그 문제를 해결할 수 있는 능력을 갖추는 것이다. 여기에 다다르게 하는 것이 의문과 질문 그리고 답을 찾는 과정이다.

　자신이 좋아하는 일이 미래에 어떻게 펼쳐질지 의문이 생긴 사람은 그 문제를 해결할 구체적인 질문을 던질 수 있다. 알고 싶고 해결하고 싶은 욕구가 물음으로 이어진 것이다. 물음은 그것으로 그치지 않는다. 의미 있는 답을 찾기 위한 과정으로 연결된다. 이렇게 선순환 고리가 형성되면 어둠 속에서도 더듬어 찾아내는 능력이 갖춰진다. 4차 산업혁명 시대라는 막연한 상황에서도 일의 실마리나 해결책을 찾아낼 수 있다. 암중모색은 4차 산업혁명 시대를 준비하는 청소년들이 기억해야 할 또 하나의 고사성어다.

알아내는 힘은
표현할 때 완성된다

● 격물치지 ●

格物致知 이를 격, 만물 물, 이를 치, 알 지

사물의 이치를 연구하여 온전한 지식을 이룬다는 뜻으로, 개인의 내적 성장을 위해서는 외적 성장도 서로 보완되고 조화를 이루어야 한다는 의미의 말.

주희 「대학장구大學章句」

남송의 주자는 격물치지에 대해 이렇게 설명했다.

"격물은 천하 만물의 이치를 끝까지 캐고 들어가는 것이다. 노력을 거듭한 끝에 하루아침에 훤히 통하면 사물의 이치를 다 알게 된다. 이것이 치지다."

비슷한 시대의 육상산은 이렇게 풀이한다.

"참다운 지혜를 얻기 위해서는 사람의 마음을 어둡게 하는 물욕을 먼저 물리쳐야 한다."

명나라의 왕양명은 격물치지에 대해 이렇게 말했다.

"격물의 격은 바르게 한다는 뜻이며, 물은 외부 세계의 사물이 아니라 사람의 마음이 향하고 있는 대상을 가리킨다. 지는 지식이 아니라 사람이 날 때부터 지니고 있는 자연스럽고 영묘한 마음의 기능을 말한다. 즉 도덕적 실천이 중요하다는 뜻이다."

격물치지는 사물의 이치를 연구하여 온전한 지식을 이룬다는 뜻이다.

온전한 지식이란 내면에 숨어 있는 지식을 의미하지 않는다. 내적 성장뿐만 아니라 외적인 성장과 서로 보완되며 조화를 이룰 수 있어야 지식이 완성된다. 내면에 수용된 지식과 정보가 탄탄해지고 그다음 외면으로 표출돼야 온전한 지식에 다다랐다고 할 수 있다.

지금까지는 내적인 성장에 대한 이야기를 나누었다. 생각의 근력을 키우는 것, 논리적인 사고력을 향상시키는 것, 의문을 품고 질문을 던지며 답을 찾는 것도 큰 틀에서 보면 내면의 성장에 초점을 둔 이야기다. 내면이 탄탄하게 채워져야 차고 넘쳐 밖으로 표출된다. 온전히 자기 것이 되어 밖으로 나온 지식이 실력과 능력을 증명해준다. 아무리 내면이 꽉 차 있어도 표현해내지 못하면 그 속에 무엇이 들어 있는지 알 수 없다. 그래서 표현력이 알아내는 힘을 완성하는 마침표가 된다.

대학 입시 면접을 보러 갔다고 생각해보자. 면접관이 나에 대해 알고 싶어 다양한 질문을 던진다. 이때 자신이 어떤 사람이고 대학에 진학하기 위해 무엇을 준비했는지 잘 표현하지 못하면 합격은 멀어질 수밖에 없다. 표현은 자신이 어떤 사람인지를 알리는 기본적인 도구이자 방식이다.

사람들은 표현을 잘 못하는 사람을 일컬어 '말주변이 없다'고 말한다. 말주변은 말을 요령 있게 하거나 이리저리 잘 둘러대는 재주를 말한다. 표현하지 못한 것을 말하는 기술의 문제로 이야기한다.

하지만 진짜는 '표현 능력이 없다'고 하는 것이 맞다. 표현하는 것도 능력이고 실력이다. 표현력도 공부해야 하고 훈련해야 하는 분야다. 잘 표현하지 못한다는 것은 말주변이 없는 것이 아니라 실력이 없는 것이다.

우리나라는 표현하는 데 익숙하지 않다. 예부터 체면이라는 문화 때문에 사랑해도 사랑한다는 말을 입 밖으로 낼 수 없었다. 오죽하면 아내 자랑을 하는 사람더러 팔불출이라고 했겠는가. 사랑하는 아내에게 사랑한다는 표현을 하고 누군가에게 이야기하면 열달을 못 채우고 여덟 달 만에 태어났다는 뜻의 조롱을 받았다. 이러다 보니 속마음을 잘 표현하지 않는 것을 미덕으로 생각하며 살았다. 그래서인지 10대들도 자기 생각과 마음을 잘 표현하지 않는 것 같다. 예전보다는 많이 달라지기는 했지만 그래도 표현 문화는 아직 성숙하지 못한 점이 있다.

공부법 중에 지식을 자신의 것으로 만드는 효과적인 방법이 있다. 바로 자신이 배운 것을 친구들에게 설명하는 방식이다. 배운 것을 묵혀두면 그것이 온전히 자신의 것으로 되기 힘들다. 인간의 뇌는 잊어버리게 만들어졌기 때문이다.

배운 것을 친구들에게 설명을 하려면 확실하게 이해해야 한다. 확실히 이해하지 못하면 효과적으로 설명할 수 없다. 자기 내면에서 완전히 이해되고 체계화돼야 잘 설명할 수 있다. 표현하는 과정을 반복하면서 비로소 배우고 익힌 지식이 온전히 자신의 것이 되는 것이다. 표현하는 과정에서 더 세밀하게 다듬어지기도 한다. 애매한 것을 설명하려다 보면 선명한 그림을 그릴 수 있게 된다. 표현하는 과정에서 창의적인 상상도 일어나 자신도 모르게 새로운 발상을 해내기도 한다.

표현의 범주에는 여러 가지가 있다. 몸짓, 표정, 소리 등 다양한 방식으로 자신의 생각과 지식을 표현해낼 수 있다. 그중 자신의 능력과 실력을 검증하는 데는 크게 세 가지로 나눌 수 있다.

첫째는 말이다. 말은 자신이 알고 있는 지식을 상대에게 전하는 효과적인 도구다. 말을 논리적으로 잘하면 실력 있다는 말을 듣는다. 예의바른 말을 하면 가정교육을 잘 받았다는 말도 듣는다. 자신의 능력을 검증받는 도구를 넘어 말 한마디로 한 사람을 살리기도 하고 죽이기도 한다. 죽어가는 사람에게 삶의 희망과 용기를 불어넣는 것도 한마디 말이면 충분하다.

　말의 힘은 많이 들어서 알고 있을 것이다. 똑같은 물을 두 개의 컵에 담아놓고 한쪽에는 칭찬과 사랑의 말을 해주었다. 다른 쪽에는 부정적인 말과 욕설을 들려주고 물의 결정체를 살폈다. 칭찬과 긍정적인 말을 해준 물은 가장 아름다운 결정체인 육각수가 되었지만, 부정과 욕설을 들은 물은 결정체를 만들어내지 못하고 찌그러지게 보였다. 그만큼 말의 힘은 강력하다.

　상대에게 하는 말도 강하지만 자신에게 하는 말도 똑같은 영향을 준다. "나는 쓸모가 없어. 나는 태어나지 말았어야 해"와 같은 부정적인 언어를 자신에게 들려주면 우리의 내면은 점점 아름답지 못한 쪽으로 변해간다. 우리의 몸이 70퍼센트가 물로 되어 있기에 그렇다. 그러니 아무리 현실이 암담해도 되도록 긍정의 언어를 들려줘야 한다. 우리 몸이 듣고 반응하기 때문이다.

　둘째는 글이다. 글은 다음 장 '쓰기의 힘'에서 자세히 다룰 것이므로 여기서는 넘어간다.

　셋째는 삶이다. 우리가 행동하고 살아내는 모습으로 한 사람의 됨됨이를 평가한다. 내면에 품고 있는 가치와 생각이 행동이 되고 삶이 된다. 한 사람의 언어가 행동으로 표출돼 인생의 밑그림을 그리고 그 언어가 행동이 돼 삶이라는 그림을 그려나간다. 역으로, 살아온 삶을 보면 그 사람의 언어를 유추할 수 있고, 그 언어를 살펴보면 그 사람의 생각도 알아낼 수 있다. 우리는 이렇게 생각이 행동으로, 행동이 삶으로 연결되는 구조로 살아간다.

표현력은 알아내는 힘의 종착역이다. 기존의 지식과 정보를 기반으로 새로운 지식과 정보를 창출해낸 후 그것을 표현해내야 진짜 인재가 되기에 그렇다. 제아무리 많은 지식과 정보를 축적하고 그것을 새로운 지식과 정보로 탈바꿈시켜도 표현하지 못하면 보석이 될 수 없다. "구슬이 서 말이라도 꿰어야 보배가 된다"는 속담도 있지 않은가.

10대들이여, 자신의 표현 능력을 점검하라. 알고 있는 지식과 정보를 잘 꿰어낼 수 있게 생각을 훈련하라. 그것을 체계적인 구조 속에서 글로 표현하는 능력을 훈련해야 한다. 내면에 담겨진 좋은 생각과 가치와 인생의 목적을 아름답게 삶으로 표현하며 살아가라. 그렇게 내면과 외면이 조화를 이룰 때 온전한 지식에 이르고 알아내는 힘도 완성된다.

무언가를 쓰기 시작하면
아이디어는 반드시
떠오른다.
물이 나오게 하려면
수도꼭지를 틀어야 하듯이.
ㅡ루이 라모어

쓰기의 힘

글쓰기에
능통해야
진짜 인재가
된다

4차 산업혁명 시대
진짜 무기는 글쓰기다

● 기호지세 ●

騎虎之勢 말 기, 범 호, 어조사 지, 형세 세

호랑이를 타고 달리는 기세를 뜻하며, 이미 시작한 일은 중간에 그만
둘 수 없고 끝까지 할 수밖에 없는 상황을 이르는 말.

위징 외 『수서隋書』 「독고황후전獨孤皇后傳」

중국 남북조 시대에 북주의 선제가 죽자 재상 양견이 뒷수습을 하
려고 왕궁으로 들어갔다. 양견은 늘 중국을 통일하겠다는 뜻을 품고
있었고 이제 실행을 앞두고 있었다. 남편의 뜻을 알아챈 그의 아내 독
고는 사람을 시켜 서신을 보냈다.

"이미 큰일은 시작되었습니다. 마치 호랑이를 타고 달리는 기세이
므로 이제는 도중에 내릴 수도 없습니다. 만약 도중에 내리게 되면 잡
아먹히고 말 것이니 호랑이와 끝까지 가지 않으면 안 됩니다. 그러니
끝까지 힘쓰십시오."

양견은 아내의 편지에 용기를 냈다. 마침 죽은 왕 선제의 아들은 나이도 어리고 영특하지도 못했다. 그 틈을 노려 양견은 나라를 빼앗고 수나라를 세웠다.

수나라를 세운 지 8년 뒤 남조의 진을 멸망시켜 마침내 중국을 통일했다.

4차 산업혁명 시대가 되면서 10대들이 해야 할 일은 더 많아졌다. 기존의 입시 공부도 해야 하고 미래를 위한 준비도 게을리 할 수 없다. 창의력, 비판적 사고 능력, 다른 사람들과 협업을 하기 위한 좋은 인간관계 등 다양한 역량이 필요하다. 하나의 역량을 갖추기도 힘든데 이제는 멀티 플레이어가 되라고 하니 어느 장단에 춤을 춰야 할지 몰라 더 어리둥절해지는 게 현실이다.

그렇다고 나 몰라라 하고 우두커니 있을 수도 없다. 상황을 엿보며 가만히 있는 것도 답이 아니다. 4차 산업혁명 시대가 도래했다. 이제부터라도 준비해야 한다. 4차 산업혁명 시대에 살아남을 수 있는 필살기 하나는 갖추고 있어야 한다는 말이다. 아무리 인공지능으로 무장한 기계들이 우리의 삶을 무너뜨리려 해도 그것을 이길 무기가 장착돼 있으면 걱정이 없다. 그 무기가 바로 글쓰기다.

4차 산업혁명 시대 이전부터 글쓰기 능력이 강한 사람은 인재로 각광받았다. 학교에서 글쓰기 능력이 좋은 사람은 자신을 효과적으로 알릴 수 있다. 사회에 나가면 글쓰기 능력이 강한 사람이 빠르게 승진하고 연봉 차이도 많이 난다. 글쓰기 능력이 자신을 차별화하는 가장 강력한 무기인 셈이다. 자신의 생각을 효과적으로 전달하는 도구이기에 그렇다.

　제아무리 기발하고 창의적인 결과물이 있어도 그것을 글로 풀어내지 못하면 인정을 받지 못한다. 논문을 쓰지 못하면 아무 데서도 연구 결과를 인정해주지 않는다. 그래서인지 2018년 서울공과대학에서도 글쓰기 교육을 한층 더 강화하겠다고 했다. 대한민국 수재들이 모여서 의미 있는 결과들을 연구해 내놓았지만 글로 풀어내지 못해 실적이 무용지물이 되었기 때문이다.

　일본 정부가 교육 개혁을 단행한 진짜 이유는 글쓰기에 있었다. 글쓰기를 효과적으로 할 수 있어야 4차 산업혁명 시대에 진짜 인재가 될 수 있다는 생각에서였다. 일본 정부가 밝힌 교육 개혁의 이유는 이렇다.

　"새로운 생각을 하고 타인과 공감하는 능력은, 자신의 생각을 글로 쓰고 다른 사람들과 나누는 교육을 통해서 길러진다. 앞으로 국가와 개인의 생존과 번영은 이 두 능력에 달려 있기 때문에 절박한 심정으로 임하고 있다."[9]

　책을 읽고 서로 대화하고 토론한 것은 글쓰기로 마무리된다. 그리고 쓴 글을 서로 나누는 것이 교육 개혁의 핵심이다. 그 과정에서 창의력이 향상되고 생각을 체계적으로 정리할 수 있는 힘도 생긴다.

유대인들의 교육의 핵심도 질문하고 대화하고 토론하고, 글쓰기로 마무리된다. 유대인들은 오랜 기간 나라를 잃고 전 세계에 흩어져 살아야 했다. 자원도 땅도 없었는데 그들이 세계 최고가 될 수 있었던 것은 바로 읽고 쓰는 교육에 있었다. 잘 읽고 잘 쓸 줄 아는 능력을 갖춘 것이 그들이 세계를 주도하게 된 이유였다.

조선 시대 세종대왕이 한글을 창제했을 때 왜 양반들이 반대를 했다고 생각하는가. 백성들 모두가 읽고 쓰는 것이 두려웠기 때문이다. 모두가 읽고 쓸 수 있다면 자신들이 유지하고 있는 질서가 무너지고 어쩌면 기득권도 내놓아야 했기에 양반들은 목숨을 걸고 반대했다. 하지만 세종대왕의 확고한 철학이 양반들을 설득했고 결국은 모든 사람이 쉽게 읽고 쓸 수 있는 한글을 창제할 수 있었다. 이처럼 읽고 쓰는 것은 힘이 세다.

다음 이야기를 들으면 조금 더 이해가 쉬울 것이다. 2017년 페이스북에서는 하버드·MIT 졸업생들의 고백이 화제가 되었다. 하버드 대학교와 매사추세츠공대MIT 졸업생에게 질문을 던졌다.

"당신이 현재 하는 일 중에서 제일 중요한 것과 대학 시절 가장

---

9 『에이트』. 이지성. 차이정원. 2019.

십대, 4차 산업혁명을 이기는 능력

도움이 된 수업은 무엇인가?"

이 질문에 대다수의 학생들이 '글쓰기'라고 대답했다.

세계 역사상 최고의 베스트셀러 중에 『하버드 수재 1,600명의 공부법』이라는 책이 있다. 그 책의 저자 리처드 라이트는 이렇게 말했다.

"나는 졸업반 학생 60명에게 다음과 같은 질문을 했다. '여러분이 대학에서 공부했던 모든 과목을 생각해보라. 사고방식, 학습, 생활 같은 것에 가장 큰 영향을 준 과목은 무엇인가? 또한 특별한 가치가 있는 과목은 어떻게 조직되어 있었는가?' 여기서 나온 결과는 예상치 못한 것이었다. 학생들은 자기에게 가장 큰 영향을 준 과목은 리포트 과제가 있는 과목이었다고 말한다."

글쓰기가 사회생활을 하는 데 얼마나 도움이 되는지 실감나게 표현한 내용이다. 하버드 대학교 학생들은 글을 많이 쓰기로 유명하다. 4년 동안 쓴 글의 종이 무게를 달았더니 50kg이 넘었다는 이야기가 있을 정도다. 그만큼 많이 쓰면서 자신의 생각을 정리하고 전달하는 능력을 배운다. 그것이 사회생활을 하는 데 밑거름이 되었다고 고백한다.

4차 산업혁명 시대뿐만 아니라 코로나19 상황에서도 글쓰기가 얼마나 중요한지 알게 한다. 이제는 오프라인보다 온라인으로 일을 하고 강의를 듣는 시대가 되었다. 비대면으로 많은 일이 이뤄진다. 이때 중요한 것은 읽기와 쓰기 능력이다. 누군가의 도움 없이 혼자 읽고 쓰는 능력이 준비돼야 의미 있는 결과를 만들어낼 수 있다.

4차 산업혁명 시대를 주도하고 있는 아마존의 창업자인 제프리 베조스 회장은 이렇게 말했다.

"글쓰기가 사고력을 개발하는 데 전부다."

2018년 노벨 경제학상을 공동 수상한 폴 로머 교수도 비슷한 메시지를 전한다.

"창의력을 키우려면 글쓰기가 중요합니다."

이미 4차 산업혁명 시대가 시작되었다. 마치 호랑이를 타고 달리는 것처럼 빠르게 변화하는 4차 산업혁명 시대에 올라탄 우리는 이제 도중에 내릴 수도 없다. 만약 도중에 내린다면 4차 산업혁명 시대의 거대한 물줄기에 휩쓸려 허우적거리게 된다. 달리는 기세로 계속 나아가야 하는데 저마다 자기만의 무기가 필요하다. 그 무기가 바로 글쓰기다. 삶의 무기가 되는 글쓰기로 무장해 기호지세로 나아가면 꿈에 한 걸음 더 다가갈 수 있다.

글을 쓰기 전
먼저 몸에 익혀야 할 것들

● 유비무환 ●

有備無患 있을 유, 갖출 비, 없을 무, 근심 환

준비가 있으면 근심할 것이 없다는 뜻으로, 무슨 일이든지 미리 대비
를 해두면 걱정할 일이 없다는 것을 이르는 말.

『서경書經』「열명說命」,『좌전左傳』「양공 11년襄公十一年」

유비무환은 『서경』의 「열명」 편에서 이야기되었다. 「열명」은 은나라 고종이 부열이라는 재상을 얻게 되는 경위와 부열이 펼치는 정사 내용을 기록한 것이다.

부열이 고종에게 한 말은 이렇다.

"생각이 옳으면 이를 행동으로 옮기되 시기에 맞게 하십시오. 그것을 자랑하면 공을 잃게 됩니다. 모든 일은 갖춘 것이 있는 법이니 갖춘 것이 있어야만 근심이 없게 될 것입니다."

이 말에서 유비무환이라는 내용이 알려졌다.

춘추 시대 진나라에 도공이라는 사람에게 위강이라는 뛰어난 부하가 있었다. 그는 법을 집행하는 자리에 있었는데 누구에게나 엄격하게 법을 적용하기로 유명했다.

어느 날, 도공의 동생 양간이 군법을 어겼는데 위강이 그의 마부를 잡아 목을 베어 죽였다. 양간이 도공에게 일러바쳐 위강을 불러들이려 하자 다른 신하인 양설이 말했다.

"위강이 그런 일을 하였다면 반드시 이유가 있었을 겁니다."

그 말을 듣고 자초지종을 알아보니 위강이 옳아 도공은 그를 더욱 신임하게 되었다. 훗날 정나라가 출병해 송나라를 침략하자 송이 진나라에 도움을 청했다. 진은 12개 연합군을 편성해 위강에게 지휘를 맡겨 정나라의 항복을 받아냈다.

12개 나라는 진의 도공에게 감사의 뜻으로 값진 보물과 식량을 보냈다. 도공이 위강에게 이를 하사하려고 하자 위강은 거절하면서 이렇게 말했다.

"편안할 때 위기를 생각하십시오. 그러면 충분한 대비가 되고, 대비가 되면 근심이 사라집니다."

도공은 훗날 위강의 유비무환 정신의 도움을 받아 천하통일을 이루게 된다.

십대, 4차 산업혁명을 이기는 능력

어떤 일이든 잘 준비하고 있으면 그에 따른 결과도 긍정적이다. 꿈이든, 공부든, 4차 산업혁명 시대가 와도 잘 준비한 사람은 의미 있는 결과를 만들어낸다. 글쓰기도 다르지 않다. 글을 쓰기 전에 미리 익혀야 할 것들이 준비되면 자신의 생각을 체계적이고 논리적으로 잘 표현할 수 있다.

글쓰기의 유비무환은 잘 읽는 것에 있다. 잘 읽어야 잘 쓸 수 있다. 많은 10대들이 스마트폰과 가까이 지낸다. 물론 스마트폰에도 좋은 지식과 정보가 많이 담겨 있다. 그런데 스마트폰을 '본다'라고 말하지, '읽는다'라고 표현하지 않는다. 본 것과 읽는 것은 차이가 있기 때문이다.

'본다'는 것은 표면적으로 드러난 것을 볼 때 사용하는 말이다. 겉으로 드러난 것에만 관심을 가진다는 의미다. 그래서 깊이가 부족하다. 따져보고 이해하는 과정으로 이어지기도 힘들다. 하루에 꽤 많은 시간 동안 스마트폰을 보지만 모두 단편적인 지식에 머문다. 그 지식과 정보가 살이 되고 피가 되지는 않는다. 보기만 했기 때문이다.

'읽었다'는 것은 글자에 담긴 뜻을 이해했다는 의미다. 문자 속에 담긴 속뜻을 파악하고 메시지를 전달하고자 하는 저자의 생각까지 읽어낸다는 것이다. 문자에서 이야기하는 의미를 분석하고 해석해 통찰을 얻는 과정을 읽었다는 말이다. 그래서 깊이가 있다. 말하는 의도를 파악하고 문자 너머의 것도 볼 수 있기 때문이다.

그럼 어떻게 하면 삶의 무기인 글쓰기 능력을 향상시킬 수 있을까. 그 의미는 다산 정약용의 이야기로 이해해보면 좋을 것 같다.

"글에는 많은 종류가 있다. 과문科文이 가장 어렵고, 이문吏文이 그 다음이다. 고문古文은 쉽다. 그러나 고문의 지름길을 통해 들어가는 사람은, 이문이나 과문은 따로 애쓰지 않아도 파죽지세와 같다. 과문을 통해 들어가는 사람은 벼슬하여 관리가 되어도 공문서 작성에 모두 남의 손을 빌려야 한다. 서문序文이나 기문記文, 또는 비명碑銘의 글을 지어달라는 사람이 있으면, 몇 글자 쓰지도 않아서 이미 추하고 졸렬한 형상이 다 드러나버린다."[10]

과문은 옛날 과거시험을 볼 때 필요한 문장이다. 학자들의 글을 인용해 글을 짓는 방식이다. 이때도 이전의 문제를 분석해 효과적인 답안 작성을 기계적으로 익혔다. 이문은 행정에 필요한 글쓰기다. 관리들이 쓰던 글이라 이것도 체계적으로 배워야 쓸 수 있었다. 다음은 고문이다. 고문은 고전을 읽은 후 느낀 점을 쓴 글이다. 독서 감상문 같은 형식이다.

다산 정약용은 고문을 자유자재로 쓸 줄 알면 과문과 이문을 쓰는 것은 일도 아니라는 논리를 펼친다. 실제로 자신의 두 아들에게는 과문을 가르치지 않고 고문 쓰기만 훈련시켰다. 그런데도 과거에 합격했다고 이야기한다.

---

10 『다산선생 지식경영법』, 정민, 김영사, 2006.

십대, 4차 산업혁명을 이기는 능력

그런 의미에서 좋은 책을 읽는 것이 중요하다. 인문고전을 읽은 후 저자의 의도를 찾아내고 자신의 생각을 적어보는 훈련이 필요하다. 이 글에는 발췌와 요약, 자신의 생각을 덧입히는 과정이 모두 포함된다. 책을 읽고 느끼고 떠오르는 생각만 잘 써도 논설문이나 자기소개서까지 잘 쓰게 된다는 말이다.

　글쓰기의 핵심은 자신의 생각을 논리적으로 표현하는 능력을 갖추는 것이다. 누구도 흉내 낼 수 없는 창의적인 생각은 책을 제대로 읽는 과정에서 형성된다. 글로 풀어내는 동안 이해력과 사고력도 향상된다. 그래서 고문을 읽고 글을 쓰는 것이 삶의 무기를 만드는 데 매우 효과적이다.

　두 번째는 관찰이다. 관찰도 읽어내는 능력이다. 세밀하게 봐야 자기만의 글쓰기 방식이 생긴다. 그 이야기는 프랑스 3대 작가로 꼽히는 귀스타브 플로베르 이야기로 풀어보자. 『보봐리 부인』을 쓴 작가인데 그의 작품의 특징은 치밀한 관찰로 풀어내는 데 있다. "나는 파리의 등적부에 적힌 숫자만큼 내 인물을 창조해낼 수 있다"라고 말할 정도다. 그가 이렇게 말한 이유는 관찰력 때문이다.

　플로베르에게 어느 날 한 제자가 찾아와 글쓰기를 배우겠다고 했다. 그런데 스승은 몇 달을 함께하면서도 특별한 가르침을 주지 않았다. 이에 제자는 불만을 털어놓았다.

　"선생님, 제가 소설을 배우기 위해 계단을 수천 번 오르내렸지만 아무런 가르침도 주지 않았습니다."

제자의 말에 플로베르가 말했다.

"자네, 계단을 그렇게 많이 오르내렸다면 우리 집 계단이 몇 개인지 알고 있겠군."

하지만 제자는 아무 대답도 하지 못했다. 그때부터 제자는 관찰의 중요성을 깨닫고 뭐든지 세심하게 관찰하여 결국 세상을 놀라게 하는 작품을 쓴다. 그가 바로『여자의 일생』,『목걸이』를 쓴 기 드 모파상이다.

글쓰기로 삶의 무기를 만들려면 먼저 잘 읽어야 한다. 그리고 잘 관찰해야 한다. 이것이 몸에 익숙하게 배어 있어야 좋은 글을 쓸 수 있다. 글이란 자신의 생각을 표현하는 것이므로 자신의 생각이 먼저 형성돼야 한다. 자기 생각이 만들어지지 않으면 독창적인 글을 쓸 수 없다. 이게 글쓰기를 무기로 만들어야 하는 10대들이 준비해야 할 덕목이다. 미리미리 준비해두면 글을 쓸 때 근심이 없어진다.

삶의 발목을 잡은 상처,
치유하는 글쓰기

● 명경지수 ●

明鏡止水 밝을 명, 거울 경, 그칠 지, 물 수
- -
밝은 거울과 정지된 물이라는 뜻으로, 고요하고 깨끗한 마음을 가리키
는 말.

『장자莊子』「덕충부德充符」

춘추 시대 노나라의 왕태라는 사람이 죄를 짓고 형벌을 받아 외다
리가 되었다. 그렇지만 학문이 높고 성품이 인자해 공자와 비슷하게
많은 제자들이 있었다. 그 모습을 못마땅하게 여긴 공자의 제자인 상
계가 공자에게 물었다.

"스승님, 왕태라는 사람은 어떻게 많은 사람에게 존경받는 것입니
까?"

공자가 대답했다.

"사람은 자신의 모습을 물에 비춰보고자 할 때 흐르는 물이 아닌

고요하게 정지되어 있는 물을 거울로 삼아야 가능하다. 정지되어 있는 물처럼 흔들리지 않는 마음을 가진 사람만이 다른 사람의 마음을 평화롭게 할 수 있는데 왕태가 바로 그런 사람이니라. 왕태는 감정이나 쾌락에 이끌리지 않고 덕이 조화를 이루는 상태에서 사물의 본질만을 꿰뚫어볼 줄 아는 사람이다. 그러니 그를 따르는 제자들이 많고 그들이 하나같이 올바른 가르침을 얻는 것이니라.”

밝은 거울과 정지된 물이라는 말에서 명경지수가 유래되었는데 고요하고 깨끗한 마음을 가리키는 말로 쓰인다.

마음이 고요하고 깨끗하면 감정이나 쾌락에 이끌리지 않는다. 덕이 조화를 이루어 삶에서 진짜 필요한 것들이 뭔지 깨닫고 자신의 것으로 만들 수 있다. 명경지수의 마음이 뒷받침돼야 한 치 앞을 예측하기 어려운 4차 산업혁명 시대도 거뜬히 이겨나갈 수 있다는 것이다.

그런데 안타깝게도 우리의 10대들은 명경지수의 마음을 갖고 있는 사람이 드물다. 저마다 상처 난 마음으로 오늘을 살아가고 있다. 겉은 괜찮아 보이고 씩씩하게 행동하지만 마음은 그렇지 못하다. 자신도 모르는 상처로 마음이 곪아 있거나 썩어 있는 경우가 많다. 조벽 교수와 최성애 교수는 이런 마음을 『정서적 흙수저와 정서적 금수저』라는 책에서 이렇게 표현한다.

"부모로부터 외면당하거나, 거부당하거나, 버림받으면 사람에 대한 믿음이 낮아지고 결국 다른 사람들에게도 버림받을 거라는 생각을 갖게 됩니다. 불신, 불안, 두려움 등 부정적 감정이 생기며 부정적 생각 패턴을 갖게 됩니다. 부정적 '인생 대본'이 생겨나는 것입니다. 본인의 과거, 현재, 미래에 대해 절망적으로 생각하고, 부정적 상황을 예측하고, 절망하며 지레 포기하는 사람이 바로 정서적 흙수저입니다."[11]

물려받은 재산 없이 가난한 삶을 흙수저라고 하는데 정서에도 흙수저, 금수저가 있다는 말이다. 부모와 좋은 관계가 형성되지 못하면 정서적 흙수저가 된다는 것이다. 정서적으로 메말라 있으면 내면에 아픈 상처가 있다고 봐도 무방하다.

내면에 아픈 상처가 있으면 삶이 행복할 수 없다. 아픈 상처가 항상 삶의 발목을 잡고 무너뜨리기 때문이다. 무슨 일을 해도 안될 것 같고 실패할 것 같다. 다른 사람이 자신을 쳐다보는 시선도 긍정보다 부정적인 것에 초점을 맞춘다. 그러다 보면 자연스레 부정적인 인생 대본을 쓰게 된다.

그럼 어떻게 하면 내면의 아픈 상처를 치유할 수 있을까. 가장

---

11 『정서적 흙수저와 정서적 금수저』, 최성애·조벽, 해냄출판사, 2018.

좋은 방법은 자신이 살아온 삶을 있는 그대로 표현하는 것이다. 삶을 있는 그대로 표현하다 보면 자신도 모르게 치유가 일어난다. 자신이 살아온 삶을 들여다보고 그 이야기를 솔직하게 쓰다 보면 스스로 그 삶을 수용하고 인정하며 애도하는 과정에서 치유가 시작된다. 지난 삶의 아픈 단면을 굳이 쓸 필요가 있느냐고 반문하는 10대들에게는 심리학자이면서 글쓰기 치료 연구를 한 제임스 페니베이커 박사의 말을 들려주고 싶다.

"트라우마의 경험을 가지고 있는 것은 확실히 여러 가지 면에서 좋지 않은 영향이 있다. 그러나 심리적 외상을 경험한 후 그것을 비밀로 간직한 사람들은 훨씬 더 고통스러운 삶을 살고 있다."

표현하지 않으면 더 고통스럽게 살아간다는 말이다. 그러니 어떻게든 표현해야 한다. 글로 풀어낸 것을 누군가에게 보여주지 않아도 된다. 자기 혼자 읽어도 상관없다. 글을 쓰는 순간 지난 삶은 더 이상 자신의 발목을 잡지 않는다. 『치유하는 글쓰기』의 저자 박미라의 말을 들으면 이해가 쉬울 것이다.

"어떤 내용이라도 말하고 싶으면 말해야 한다. 듣는 사람이 없어도 좋다. 상대가 감당할 수 없는 말이라면 혼잣말이라도 상관없다. 입을 열고 말하기 시작할 때 치유는 시작된다."

어떤가. 이 사람들은 글쓰기로 치유를 경험한 사람들이다. 그리고 그 과정을 수많은 사람들과 나누고 그 경험을 책으로 펴냈다. 이미 검증이 되었다는 말이다.

나도 글쓰기로 내면의 아픈 상처를 치유하도록 이끈 경험이 아주 많다. 다음은 중학교 1학년 여학생이 쓴 글이다. 자기 삶의 이야기를 글로 쓴 책의 머리말이다.

　제 글을 보면 두려움이라는 단어가 많이 사용되었음을 볼 수 있습니다. 저는 그 단어가 지금의 제 상태라고 생각됩니다. 저는 한마디로 겁쟁이입니다. 그리고 그런 저의 모습을 숨기고 싶어 합니다. 그렇기에 그동안 저를 많이 사랑해주지 못했던 것 같습니다. 나약한 저의 모습을 외면하기만 했죠.

　이 책의 마지막쯤을 보면 한 학생과 상담했던 일을 회상하는 내용이 나옵니다. 그때 그 학생의 모습이 지금의 저와 많이 닮아 있습니다. 그리고 미래의 제가 학생에게 해주는 말들이 지금의 제가 듣고 싶어 하는 말들입니다.

　저는 저의 이야기를 쓰면서 저 자신을 사랑하고 인정하는 법을 배웠어요. 게다가 묻어두었던 내면의 상처를 꺼내어보기도 했죠. 처음에는 이것이 마냥 두려웠습니다. 하지만 글을 쓰면 쓸수록 제 상처를 받아들이게 되었고 자연스레 치유가 되더라고요.

　저의 고민과 잘못을 솔직하게 적으면서 제가 외면했던 것들에 하나 둘 답이 보이더군요. 신기하고도 값진 경험이었습니다. 제가 만약 용기를 내어 이 프로그램을 신청하지 않았더라면 지금의 저는 평생 저의 상처를 외면한 채 남에게 보이는 저만을 꾸미며 살

앉을 것입니다. 이런 삶은 결코 행복한 삶이 될 수 없겠죠.

중학교 1학년이 쓴 글치고는 너무 성숙하다. 글도 잘 쓴다. 하지만 이 친구도 처음에는 서툴렀고 자기 마음을 보이기를 꺼려했다. 용기를 내어 솔직하게 자신의 삶의 이야기를 풀어내다 보니 어느새 상처가 치유되었다고 고백한다. 이것이 글이 가진 힘이다.

이쯤 되면 학생이 상담했던 일을 회상하는 내용이 궁금할 것 같다. 과연 어떤 생각과 마음으로 학생을 면담한 것을 상상하며 썼는지를 말이다. 그 상담 내용은 이렇다.

그 학생은 나에게 이런 질문을 했다.

"저는 어떻게 살아야 하나요?"

항상 밝게 웃던 아이가 사뭇 진지한 표정으로 질문했다. 예상 밖의 질문이었다. 나도 덩달아 진지해질 수밖에 없었다. 나는 가만히 그 아이의 눈을 바라봤다. 그 아이가 한숨을 쉬더니 말을 이었다.

"인생에 정답은 없다고 하잖아요. 그런데 그런 인생을 살아가야 한다는 게 저에게는 더 큰 부담이고 두려움으로 다가와요. 정답이 있다면 그것을 따르면 되지만 그럴 수 없는 게 인생이니까요. 그래서 제가 한 모든 말과 행동, 도전들이 오답일까 봐 두려워요."

아이의 눈에 눈물이 맺혔다. 꼭 어릴 적 나를 보는 것 같았다.

"너의 말이 맞아. 인생에 정답은 없어. 무수히 많은 답이 존재하

십대, 4차 산업혁명을 이기는 능력

지. 결론만 말하자면 인생에 오답이란 존재하지 않아. 왜? 오답은 정답이 아닌 다른 답들을 의미하잖아. 그러니 정답이 없으면 오답도 없겠지. 너의 모든 말과 행동, 도전은 결코 너에게 독이 되지 않아. 지금 네가 이런 고민을 하는 게 선생님은 너무 기특한걸?"

그 아이가 울음을 터뜨렸다. 나는 그 아이를 말없이 안아주었다.

중학교 1학년 학생의 꿈은 선생님이다. 자신이 선생님이 되었다고 생각하고 쓴 글 안에 상담 내용이 담겨 있다. 학생의 생각과 마음이 어떤지를 자세히 알 수 있다. 그런 아픈 상처가 자기 삶의 이야기를 글로 풀어내면서 치유가 되었다. 참 감사하고 다행스러운 일이다. 만약 이 친구가 자기 삶의 이야기를 글로 쓰지 않았다면 아픈 마음으로 평생을 살아갔을 것이다.

10대들은 자신의 마음이 얼마나 아프고 상해 있는지 잘 모른다. 내면의 아픈 상처가 무엇인지 그 뜻도 이해하기 힘들다. 하지만 자기 삶의 이야기를 글로 쓰다 보면 진짜 자신의 모습이 보인다. 진흙탕으로 얼룩져 있는지, 아니면 명경지수처럼 맑고 깨끗한지 말이다. 혹시 자기 마음이 아프고 얼룩져 있다면 글을 써보아라. 고요한 시간에 온전히 자신의 모습과 직면하고 글로 풀어내보라. 그러면 자신도 모르는 사이에 마음이 치유되고 명경지수로 변해 있을 것이다. 고요하고 깨끗한 마음이어야 4차 산업혁명 시대도 넉넉해진 마음으로 이겨낼 수 있다.

생각을 글로 풀어내는
효과적인 기술 익히기

● 수적천석 ●

水滴穿石　물 수, 물방울 적, 뚫을 천, 돌 석

작은 물방울이라도 끊임없이 떨어지면 결국엔 돌에 구멍이 뚫린다는
뜻으로, 작은 노력이라도 끊임없이 계속하면 큰일을 이룰 수 있다는
것을 이르는 말.

나대경 『학림옥로鶴林玉露』

　중국 송나라 때 장괴애라는 사람이 있었다. 그가 숭양현의 현령으로 재직할 때였다. 하루는 관아의 이곳저곳을 살펴보며 돌아다니다가 문득 창고에서 급히 나오는 관원 한 사람과 딱 마주쳤다. 관원이 흠칫하는 것을 보고 수상쩍다는 생각이 들어 불러 세웠다.

　"자네, 지금 왜 거기서 나오나?"

　상대방은 우물쭈물하며 대답을 못 했다.

　장괴애는 즉시 나졸들을 불러 관원의 몸을 수색했다. 그의 상투 속에서 엽전 한 닢이 나왔다.

"네 이놈, 이게 웬 돈이냐? 창고에서 훔친 것이렷다?"

"아이고, 죽을죄를 지었습니다. 용서해주십시오."

관원은 땅바닥에 머리를 짓찧으며 사죄했다. 장괴애는 일단 그를 옥에 가두었다가 다음 날 재판을 열고 사형을 판결했다. 관원은 펄쩍 뛰며 항변했다.

"아니, 이럴 수가 있습니까? 고작 돈 한 푼 훔쳤다고 사형이라니요!"

그 말을 듣는 순간, 장괴애의 얼굴이 붉게 물들었다.

"닥쳐라, 이놈! 보아하니 네놈은 상습범이 아니더냐. 하루 한 닢이면 백 날이면 백 닢, 천 날이면 천 닢이다. 먹줄에 쓸려 나무가 잘리고 돌에 물방울이 떨어져 구멍 낸다는 것을 모르느냐? 네놈이야말로 우리 고을 재정을 망칠 놈이로다."

그러고는 계단 아래 꿇어앉아 있는 죄인에게 다가가 서슴없이 칼로 목을 치고 말았다.

위 고사의 유래는 부정적이지만 그 의미는 긍정적일 때 쓰인다. 어떤 일이라도 끊임없이 노력하면 이루어진다는 의미다. 맞다. 무슨 일이든 노력하는 자를 이길 수 없다. 글쓰기도 이와 다르지 않다.

사실 읽는 사람이 내 생각을 잘 이해하고 공감이 가도록 쓰는 일은 쉽지 않다. 수십 년을 노력해도 잘 된다는 보장을 하기 힘들다. 얼마만큼 노력해야 글쓰기 실력이 향상될지도 알 수가 없다. 그래서 많은 사람들이 처음에는 야심차게 마음을 먹고 도전했다가 슬그머니 포기하기 일쑤다. 그러나 포기하지 않고 물방울이 바위를 뚫듯이 꾸준히 노력한다면 글쓰기로 삶의 무기를 만들 수 있다.

그럼 어떤 기술을 익혀야 자신의 생각을 효과적으로 표현할 수 있을까. 다양한 글쓰기 기술이 필요하지만 10대에 익히면 좋을 몇 가지 기술을 살펴보려 한다. 기본적인 글쓰기 기술만 익혀 몸에 장착해도 든든한 무기가 될 수 있다.

첫째는 일단 써야 한다. 많은 사람들이 글쓰기 능력을 향상시키려고 갖은 노력을 한다. 글쓰기 기술과 관련된 책을 읽고 강의를 듣는다. 그러나 정작 글쓰기에 돌입한 사람은 드물다. 글을 잘 쓰고 싶어 하면서도 정작 글을 쓰지 않는다는 말이다.

"무언가를 쓰기 시작하면 아이디어는 반드시 떠오른다. 물이 나오게 하려면 수도꼭지를 틀어야 한다."

소설가 루이 라모어가 한 말인데 정말 맞는 말이다. 어떻게 쓰지 않고 글쓰기 능력이 향상되겠는가.

둘째, 문법 오탈자보다 글의 흐름을 유지하는 것이 중요하다. 많은 사람들이 글을 쓰다가 멈추고 자꾸만 자신이 쓴 글을 읽으려고 한다. 맞춤법이나 띄어쓰기는 잘 되었는지, 표현하려는 생각은 잘 전개되고 있는지, 조금 더 멋진 표현은 없는지 점검하려 든다. 잘못된 점은 고치고 더 좋은 문장으로 다듬으면서 글을 써가려고 한다. 하지만 이렇게 되돌아가 읽고 검열하는 동안 머릿속에 있던 글감들은 감쪽같이 사라지고 만다.

문장은 자기 생각을 상대에게 전달하기 위해 존재한다. 문장의 4요소는 주제, 소재, 구성, 표현이다. 모두 자신이 말하려는 내용을 읽는 이에게 잘 전달하기 위한 요소다. 생각이 잘 전달되었다면 멋지지 않아도 괜찮다. 그러니 흐름을 잃지 않고 끝까지 전진하는 데 신경을 써야 한다.

셋째, 문장은 되도록 짧게 쓴다. 처음 글을 쓰는 사람들의 특징은 문장이 길다는 것이다. 언제 끝날지 모르게 이어지고 길어진다. 이렇게 문장이 길어지면 글을 쓴 자신도 무슨 내용을 쓰고 있는지 헷갈리고 읽는 사람도 내용을 간파하기 힘들다. 그러므로 간결하게 짧게 쓰는 것이 좋다. 그 의미를 몽테뉴는 이렇게 말했다.

"싫증나는 문장보다 배고픈 문장을 써라."

넷째, 단락의 의미를 생각하면서 쓴다. 내용상 끊어지는 자리가 단락이며 생각의 꺾임 단위이다. 자신이 하고 있는 말과 조금이라도 다른 이야기를 전개하고 싶다면 단락을 바꾸어야 한다. 단락 안에는 하나의 중심 문장이 필요하고 나머지는 그 중심 문장을 뒷받침하는 문장으로 이루어져 있다.

전체 글을 구성하는 데 단락은 결정적인 역할을 한다. 신문 사설이나 칼럼과 같은 논증의 글은 대부분 주장하기 → 이유 대기 → 근거와 예시(사례) → 의견 강조 또는 제안하기로 구성된다. 대략 네 단락으로 쓰면 된다. 자기소개서나 독서 감상문도 저마다 독특한 구성 방식이 단락을 통해 표현된다. 이처럼 단락의 의미만 생각해도 글쓰기 기술을 효과적으로 익힐 수 있다.

다섯째, 보여주는 글을 쓴다. 글 속에서 말하려는 의도가 잘 그려질 수 있도록 쓰는 것을 말한다. 설명하는 것이 아니라, 느끼도록 강요하는 것이 아니라, 공감할 수 있도록 쓰는 것이다. 그 의미는 세계적인 글쓰기 코치 나탈리 골드버그의 말로 이해하면 좋다.

"글쓰기에 관련된 오랜 속담이 하나 있다. '말하지 말고 보여주라'는 말이다. 무슨 뜻인가? 이것은 이를테면 분노라는 단어를 사용하지 않고서, 무엇이 당신을 분노하게 만드는지 보여주라는 뜻이다. 당신 글을 읽는 사람이 분노를 느끼게 하는 글을 쓰라는 뜻이다. 다시 말해 독자들에게 당신의 감정을 강요하지 말고, 상황 속에서 생생하게 살아 있는 감정의 모습을 그냥 보여주라는 말이다."

사랑의 메시지를 전하고 싶다면 사랑이라는 단어를 쓰지 않고 상황을 이야기하거나 일화로 사랑의 메시지를 전하는 방식이다. 이런 글은 잔잔하면서도 힘이 있다. 오래 기억 속에 머문다.

여섯째, 글을 읽을 사람을 생각하고 쓰면 좋다. 글을 쓴다는 것은 읽을 독자가 있다는 말이다. 독자는 자신이 될 수도 있고 선생님이 될 수도 있다. 자기소개서를 쓴다면 대학교 입시 담당자가 독자다. 독자를 생각하지 않으면 자기 입장에서만 글을 쓰게 된다. 자신을 소개하려는 데 초점이 맞춰지면 대학에서 원하는 인재상이나 학과에서 요구하는 특성과 상관없이 자신의 장점만 주장하게 된다. 그러면 좋은 평가를 받기 힘들다. 누가 읽을 것인지를 생각하고 그 사람의 입장에서 생각하며 자신의 생각을 정리하고 그것을 글로 풀어내야 한다. 그래야 의미 있는 결과로 이어진다.

일곱째, 마지막으로 자신이 쓴 글을 잘 고쳐야 한다. 가장 효과적인 글쓰기 기술은 많이 써보고 자주 고치는 것이다. 많은 글쓰기 전문가들은 말한다. 처음 쓴 원고는 걸레처럼 형편없었다고. 그 글을 얼마나 고쳤는지에 따라 좋은 글이 된다. 윌리엄 진서는 이렇게 말한다.

"글쓰기가 단번에 완성되는 '생산품'이 아니라 점점 발전해가는 '과정'이라는 것을 이해하기 전까지는 글을 잘 쓸 수 없다."

많이 고치는 것이 답이라는 말이다. 글을 고칠 때는 여러 가지 요소가 있지만 두 가지는 꼭 지키는 것이 좋다. 먼저, 자신이 쓴 글이 낯설어지는 시간을 가져야 한다는 점이다. 금방 쓴 글을 고치려면 똑같은 생각과 감정으로 보기에 고칠 것이 잘 보이지 않는다. 그래서 낯설게 느껴지는 시간이 필요한데, 전문가들은 숙성의 시간이라고도 말한다. 최소한 72시간이 지나야 낯설게 느껴지고 고칠 것이 보인다.

두 번째는 소리 내서 읽으며 고치는 것이 효과적이다. 읽을 대상, 즉 독자를 생각하며 소리 내서 읽으면 어색하거나 매끄럽지 않은 곳이 어딘지 스스로 느껴진다. 그러면 고치는 게 맞다.

글쓰기에 정답은 없다. 하지만 오답은 있다. 오답이 무엇인지 알고 줄이면 좋은 글을 쓸 수 있다. 간략하지만 핵심이 되는 기술을 이야기했으니 작은 물방울로 바위를 뚫는다는 생각으로 도전해보라. 그러면 머지않은 장래에 바위를 뚫는 멋진 무기가 돼 있을 것이다.

십대, 4차 산업혁명을 이기는 능력

스스로 진로를 설계하는
자기 이야기 쓰기

● 명약관화 ●

明若觀火 밝을 명, 같을 약, 볼 관, 불 화

밝기가 불을 보는 것과 같다는 뜻으로, 의심할 여지없이 매우 분명하
다는 것을 이르는 말.

『서경書經』「반경 상盤庚 上」편. 『채심집전蔡心集傳』주석에서 유래

기원전 14세기 중국 상商나라는 반경이 통치하고 있었다. 당시 상
나라는 분쟁이 일어나고 정치는 부패하여 매우 혼란스러웠다. 거기
에다 자연재해까지 발생해 동요와 불안이 심했다.

반경은 혼란한 상황을 벗어나 통치 기반을 더 확고히 다지기 위해
도읍을 은나라 지역으로 옮기려고 했다. 그러나 많은 대신들이 반대
를 하고 나섰다. 백성들도 원하지 않았다. 이에 반경은 근심하는 백성
에게 호소하며 맹세했다.

"앞선 임금께서는 일이 있으시면 하늘의 뜻을 받들어 삼가셨다.

그래도 언제나 편치 못하여 일정한 도읍을 갖지 못하고 지금껏 다섯 번이나 도읍을 옮겼다. 지금 옛일을 따르지 아니하면 하늘이 명을 끊을지도 모른다. 나는 그대들이 반대하는 이유를 잘 모르겠다. 내가 스스로 덕을 버린 것이 아니라 그대들이 덕을 버리고 나 한 사람을 두려워하고 있다. 나는 불을 보듯이 잘하고 있으나, 성급히 일을 계획하여 그대들에게 허물이 되었다. 벼리[12]가 있어야 그물이 풀어지지 않는 것과 같고, 농사꾼이 밭에서 힘들게 농사를 지어야 풍성한 가을이 있는 것이다."

결국 반경은 대신들과 백성들을 설득해 도읍을 은으로 옮겼다. 이후 반경은 치세에 힘써 상나라를 부흥시켰고 200년이 넘도록 도읍을 옮기지 않았다.

반경은 자신의 심정을 거짓 없이 분명히 설명하여 대신들과 백성들에게 신뢰를 심어주었다. 그 신뢰를 바탕으로 도읍을 옮기는 계획을 성사시켰다.

반경은 앞날을 분명하게 내다보고 백성들을 설득했다. 그 결과

---

12 그물의 위쪽에 코를 꿰어 잡아당길 수 있게 한 줄이다.

백성들의 삶은 더욱 윤택해졌다. 이와 같이 자기 삶을 명약관화, 의심할 여지없이 매우 분명하게 내다보고 예측할 수 있다면 행복과 성공은 저절로 뒤따라온다.

10대들이 글쓰기로 자기 삶의 미래를 훤히 내다볼 수 있는 방법이 있다. 바로 자기 삶의 이야기를 써보는 것이다. 살아온 날들을 살펴서 글로 써보고 살아갈 날들도 미리 추론하고 예측해 글로 써보면 자기 삶이 더 명약관화해짐을 알 수 있다. 필자는 이런 과정의 글쓰기를 수년 동안 이어오고 있다. 그 내용은『진짜 공신들이 쓰는 미래 자서전』이라는 책에 수록했다.

이오덕 선생님은 이와 같은 글쓰기의 장점에 대해 이렇게 말했다.

"아이들에게 글을 쓰게 하는 목적은 삶을 참되게 가꾸어 사람다운 사람이 되게 하는 데 있다."

10대는 자아가 형성되는 아주 중요한 시기다. 이 시기를 현명하게 보내지 못하면 갈팡질팡하며 혼란을 겪는다. 이것을 사춘기라고도 한다. 자신이 어떤 사람인지 살피는 과정에서 자기 정체성이 확립되고 자신이 살아갈 삶도 구체적으로 내다보게 된다. 삶을 참되게 가꾸어 사람답게 살아가는 바탕이 되는 게 10대의 시기다. 그게 가능하도록 이끄는 것이 자기 이야기를 쓰는 것이다.

자기 이야기는 자신이 누구이며 앞으로 어떻게 살아갈 것인지 답을 찾는 단서를 제공한다. 특히 진로를 설계하는 데 아주 유용하다. 많은 사람이 현재 직업들이 없어질 것이라고 예측한다. 언제 어느 때 새로운 직업이 생길지 예측하기도 어렵다. 진짜 유망 직업은 아직 세상에 나타나지 않았을 수 있다. 이런 불확실한 시대에 자기 이야기 쓰기는 진로를 설계하는 데 매우 효과적이다.

진로進路의 사전적 의미는 "앞으로 나아가는 길"이다. 앞으로 살아갈 삶을 살펴보는 일이 곧 진로다. 영어로는 '커리어 설계'라고 말한다. 커리어career는 "어떤 분야에서 겪어온 일이나 쌓아온 경험"이라는 뜻이다. 커리어의 어원은 마차 바퀴 자국을 의미한다. 커리어를 디자인하려면 지나온 마차 바퀴 자국을 살펴야 가능하다는 의미로 해석할 수 있다. 그래서 자기 이야기 쓰기로 진로를 설계하려면 두 가지를 잘 살펴야 한다.

첫째, 지나온 자기 삶의 마차 바퀴 자국을 살피는 것이다. 마차 바퀴 자국을 보면 어디서 출발했고 어디를 거치며 살아왔는지 알 수 있다. 오늘 내 삶을 이해하는 힌트가 과거에 있기 때문이다. 그래서인지 덴마크 철학자 키르케고르는 이런 말을 했다.

"인간은 앞을 바라보면서 살아야 하지만 자신의 삶을 이해하기 위해서는 뒤를 돌아봐야 한다."

지나온 삶을 살펴야 오늘을 이해할 수 있고, 오늘을 이해해야 내일을 효과적으로 설계할 수 있다. 그런데 지나온 삶을 그냥 살피면 진짜 모습을 발견하기 어렵다. 다양한 것들이 방해하기 때문이다. 내면의 아픈 상처가 방해하고 자존심이 방해하기도 한다. 남에게

십대, 4차 산업혁명을 이기는 능력

잘 보이고 싶은 우쭐한 마음이 진실을 보지 못하도록 한다.

그러나 글을 쓰면 다르다. 글은 오감을 작동해 있는 그대로를 보게 하는 장점이 있다. 과거를 회상하고 글감을 찾기 위해 리서치를 하다 보면 자신의 미처 알지 못했던 모습을 발견하게 된다. 그것을 글로 풀어내다 보면 자신의 현재 모습을 이해하게 된다. 이 작업이 먼저 진행돼야 앞으로 살아갈 날도 그려낼 수 있다.

두 번째는 앞으로 살아갈 날을 예측하고 통찰할 수 있어야 한다. 시시각각 변하는 세상을 통찰하고 예측해야 원하는 삶을 차근차근 이야기로 풀어낼 수 있다. 글은 막연하게 생각해서는 한 글자 쓰기도 어렵다.

앞으로 살아갈 날을 이야기 형식으로 이미 이루어진 것처럼 쓰는 글이면 더욱 효과적이다. 그 이야기가 바로 자신만의 인생 대본이 되는 것이다. 누구도 흉내 낼 수 없는 자기만의 대본을 스스로 써보고 그대로 살아보면 느끼는 것이 다르다.

많은 청소년은 자신만의 인생 대본이 없다. 부모님이 써준 인생 대본대로 살아간다. 어떤 친구들은 인생 대본이 무슨 소용이냐며 내키는 대로 살아간다. 과연 어떤 삶이 행복할까. 자신이 쓴 인생 대본을 살아가면서 고치고 수정하며 완성지어 가는 게 행복할까, 아니면 살아가는 대로 대본을 쓰는 게 행복할까. 당연히 자신이 쓴 대본대로 살아가는 것이라고 생각한다.

아래의 글은 자기 이야기로 인생을 설계한 중학교 1학년이 쓴 글이다. 그 학생이 자기 이야기를 쓰면서 무엇을 느꼈는지 다음 이야기로 이해하면 좋겠다.

내 이야기를 쓰면서 흐릿해진 과거와 뚜렷하지 않은 미래를 생각할 수 있는 시간을 가졌다. 일단 생각해볼 기회가 없던 유년 시절을 돌이켜 볼 수 있었다. 한 번도 깊이 생각해본 적 없었던 일들을 해석하고 성찰할 수 있는 기회가 되어 기뻐웠다.

또한 미래의 나를 좀 더 구체적으로 상상할 수 있었다. 미래에 대해 글을 쓰며 부모님과 진로에 대해서도 좀 더 진지하게 이야기할 수 있었다. 한 번도 제대로 생각해보지 않았던 미래의 삶에 대해 고민할 수 있어 좋았다.

글을 쓰는 시간이 짧지만은 않았다. 꽤 오랫동안 책 속의 나로 살았다. 그 시간 동안 글에게서 많은 영향을 받았다. 글 속의 생각이 내 삶에 번지기 시작했다. 이 과정에서 삶의 방향, 미래를 보는 관점이나 가치관도 많이 바뀌었다. 글 속의 내가 지녔던 도덕관과 신념이 정말 내 인생에 비전이 되기도 했다.

중학교 1학년이 인생을 바라보는 시선이 참 깊다는 생각을 했을 것이다. 자기 이야기를 쓰는 과정에서 얻은 성찰이 명약관화의 메시지와 닮아 있다는 것도 느낄 수 있었을 것이다. 이것이 자기 이

십대, 4차 산업혁명을 이기는 능력

야기를 글로 써보는 일의 장점이다. 그러니 여러분도 자기 삶의 이야기를 글로 풀어내는 작업을 해보면 좋겠다. 그러면 한 걸음 앞도 예측하기 힘든 4차 산업혁명 시대도 희망을 품고 기쁜 마음으로 달려갈 수 있을 것이다.

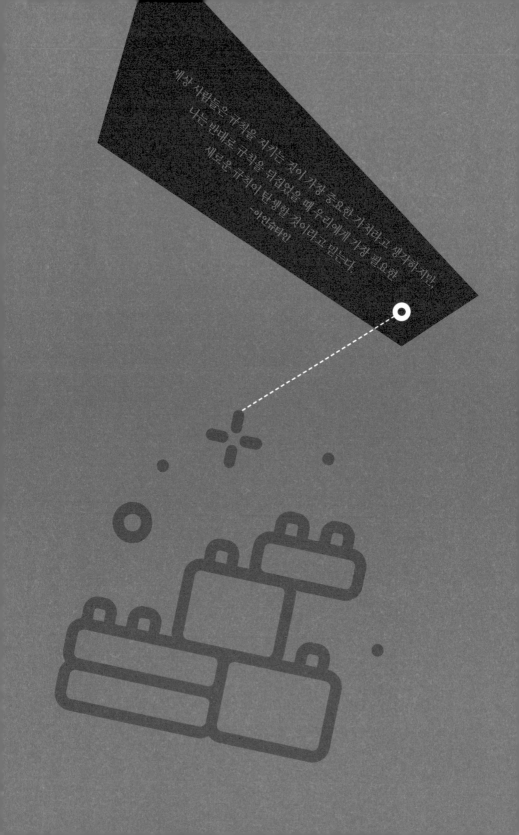

세상 사람들은 규칙을 지키는 것이 가장 중요한 거라고 생각하지만,
나는 반대로 규칙을 뒤집었을 때 우리에게 가장 필요한
새로운 규칙이 탄생할 것이라고 믿는다.
—아인슈타인

창조의 힘

창의성은
이렇게
만들어진다

대답이 아니라
질문이 핵심이다

● 화룡점정 ●

畵龍點睛 그림 화, 용 룡, 점 점, 눈동자 정
- -
용을 그릴 때 마지막에 눈동자를 찍는다는 뜻으로, 어떤 일을 할 때 그
일을 완성시키는 가장 중요한 부분을 가리키는 것을 이르는 말.

『수형기水衡記』

중국 남북조 시대, 양나라에 장승요라는 화가가 있었다. 중국 육조 시대의 3대 화가로 명성을 날렸던 그는 붓 하나로 모든 사물을 실물과 똑같이 그렸다. 특히 도교와 불교의 인물화에 뛰어나 주로 사원의 벽화를 많이 그렸다.

어느 날, 장승요는 금릉에 있는 안락사라는 절의 주지스님으로부터 용을 그려달라는 부탁을 받았다. 그는 부탁을 수락하고 안락사의 벽에 금방이라도 하늘로 승천할 것 같은 네 마리의 용을 그렸다. 사람들은 위엄 있고 생동감 넘치는 용의 그림을 보고 모두 감탄했다.

그런데 장승요가 그린 용의 그림에는 한 가지 특이한 점이 있었다. 네 마리의 용 눈에 눈동자가 그려져 있지 않았다. 사람들은 이 점을 이상하게 여겨 그 이유를 물었다. 그때마다 장승요는 이렇게 대답했다.

"만일 내가 용의 눈에 눈동자를 그려 넣으면 그림에 있는 용이 당장 벽을 박차고 하늘로 날아가버릴 것이오."

장승요의 말에 사람들은 비웃으며 눈을 그려 넣으라고 독촉했다. 장승요는 하는 수 없이 눈을 그려 넣기로 했다.

그가 한 마리의 용 그림에 붓으로 점을 찍어 눈동자를 그려 넣는 순간, 천둥번개가 치더니 용이 벽을 박차고 나와 하늘로 날아 올라가고 말았다. 눈동자를 그려 넣지 않은 세 마리의 용은 벽에 그대로 남아 있었다. 그제야 사람들은 장승요의 말을 믿었고 그의 놀라운 그림 실력을 인정했다.

화룡점정은 용을 그릴 때 마지막에 눈동자를 찍는다는 뜻이다. 어떤 일을 할 때 그 일을 완성시키는 가장 중요한 부분을 가리키는 말로 쓰인다. 창의력을 완성시키는 데도 화룡점정이 있다. 그것은 바로 질문이다. 질문을 던질 수 있는 사람이 창의력을 자신의 무기로 장착할 수 있다.

십대, 4차 산업혁명을 이기는 능력

그런데 10대들은 질문보다 대답에 익숙하다. 질문을 하면 나대는 것 같고 잘난 척한다고 오해를 받아 궁금한 것을 쉽게 질문하지 않는다. 이런 문화 속에 살다 보니 자연스레 대답 잘하는 사람이 되었다. 하지만 창의력은 대답 잘하는 사람보다 질문 잘하는 사람에게 형성된다. 질문이 창의력을 향상시키는 핵심 요소이기에 그렇다.

질문을 잘한다는 말은 지혜롭다는 말과 같다. 지혜로 무장되면 한 치 앞을 예측하기 힘든 세상에서도 넉넉히 이겨낼 수 있다. 4차 산업혁명이라는 거대한 물줄기 속에서도 흔들리지 않고 자신이 원하는 길로 나가도록 돕는 게 지혜다.

그럼 지혜란 무엇일까? 그 의미는 이스라엘 전 대통령 시몬 페레스의 말로 이해하면 좋을 것 같다. 그는 지혜를 이렇게 정의한다.

"보지 못하는 것을 보는 것, 상상력과 창의력, 경험하지 못한 것을 경험하는 것이 지혜다."

이 의미를 다시 정의하면 질문하는 능력이라고 말할 수 있다. 유대인이라 질문하는 능력을 돌려서 이야기한 것 같다. 보지 못하는 것을 볼 수 있는 능력은 질문밖에 없다. 좋은 질문 하나면 보지 못하는 것을 얼마든지 볼 수 있고, 생각 속에 숨어 있는 것도 밖으로 꺼낼 수 있다.

한번 실험을 해보자. 학교에서 어떤 친구에 대해 알고 싶다면 어떻게 하면 좋을까? 은밀하게 뒷조사를 하는 게 효과적일까? 아니면 친구에게 궁금한 것을 질문하는 것이 더 효과적일까? 발품을 팔아가며 돌아다닐 필요 없이 친구에게 효과적인 질문을 던지면 모르는 것을 알아낼 수 있다. 어디 사는지, 관심을 두고 있는 것은 무엇인지 등등을 묻다 보면 보이지 않는 것까지 볼 수 있다. 검사들이 범인의 죄를 밝힐 때도 질문을 활용한다. 죄를 인정할 수밖에 없는 효과적인 질문을 던지고 그것을 인정하도록 증거를 제시한다. 질문이 보이지 않는 범죄의 진실을 밝혀내는 핵심 도구가 되는 것이다.

공부를 할 때도 다르지 않다. 선생님이 설명하는 것에 대해 궁금한 것이 없고 질문할 것이 없다면 배운 것을 진짜 자신의 것으로 만들기 어렵다. 관심이 없으면 딴 생각에 빠지기 쉽고 설령 설명을 들었더라도 잊히기 쉽다. 우리의 뇌는 중요하다는 신호를 보내지 않으면 자동적으로 기억하려 하지 않는다. 질문은 뇌에게 중요하다고 보내는 신호다.

관심을 두고 있는 것이 있으면 자연스럽게 질문이 생기기 마련이다. 어떤 연예인에 관심이 있다고 생각해보라. 그러면 그 연예인의 모든 것이 궁금하고 그 궁금증을 해결하기 위한 질문들이 머릿속에서 맴돌 것이다. 이런 이치로 볼 때 효과적으로 공부를 하려면 자꾸 질문하는 습관을 들여야 한다. 질문을 지속하는 과정에서 사고력이 향상되고 답을 하는 과정에서 이해력이 증폭돼 오랫동안 기억 속에 머물러 있게 된다.

창의력을 높이고 싶을 때도 질문 능력을 향상시키면 된다. 질문이 생겨야 새로운 것을 만들어낼 수 있기 때문이다. "사과는 왜 아래로 떨어질까?" 뉴턴은 이 질문으로 만유인력의 법칙을 발견할 수 있었다. "만일 우리가 로켓에 빛을 실으면 그 빛의 속도가 더 빨라질까?" 이 질문은 아인슈타인이 상대성이론을 발견하는 데 밑거름이 되었다.

창의적인 능력으로 세계를 주도하는 기업가들은 대체적으로 독서가들이 많다. 빌 게이츠는 "지금의 나를 만든 것은 내가 살던 마을의 도서관이었다"라고 말했다. 스티브 잡스는 어린 시절 담임선생님께 "뛰어난 독서가이지만 독서를 하느라 너무 많은 시간을 허비한다"라는 말을 들었다. 페이스북의 마크 주커버그는 그리스 라틴 고전을 원전으로 읽는 것이 취미라고 한다. 그들은 책을 읽을 때 무작정 읽지 않았을 것이다. 그 안에서 궁금한 것에는 질문을 던지고 질문에 답을 하며 자신을 성장시켰다. 독서의 궁극적인 목적은 질문을 하고 답을 찾아내는 것이기 때문이다. 독서법의 고전을 쓴 모티머 J. 애들러는 독서의 목적을 이렇게 말했다.

"질문이 무엇인지 알고만 있으면 아무 소용이 없다. 명심해두었다가 글을 읽으면서 실제로 던져보아야 한다. 이러한 습관을 지녀야 좋은 독자가 될 수 있다. 더 나아가서 질문에 자세하고 정확하게 답할 줄 알아야 한다. 책 읽는 기술이란 바로 이렇게 묻고 답하는 데 익숙해진 능력을 갖춘 것을 말한다."

마크 주커버그는 『안티고네』를 읽고 임원들에게 "기업의 방향을 제시하라"는 질문을 던지며 회사의 나아갈 방향을 점검한다. IBM에서도 이사 선출을 위한 시험 문제를 내는 데 『안티고네』를 활용했다. 첨예하게 대립되는 두 가지 상황에서 스스로 질문을 던지고 나아갈 방향을 제시해보라는 의도다. 내적 갈등을 겪으며 던진 질문이 의미 있는 선택을 할 수 있으리라는 확신으로 고전을 선택한 것이다.

4차 산업혁명 시대를 주도하는 기업들의 CEO와 임원들은 책을 읽고 질문으로 나아갈 방향을 탐색한다. 인문고전을 읽고 철학 서적들을 탐독하며 나아갈 길을 모색한다. 그럼 왜 인문고전과 철학 서적을 읽는지 의문이 들 것이다. 인문고전과 철학은 질문의 학문이다. 질문으로 인간 본질을 탐색한다. 질문이 학문의 기본 바탕이 되는 것이다. 구글의 에릭 슈밋의 경영 철학을 들으면 이해가 쉬울 것이다.

"앞으로는 답이 아니라 질문을 가지고 회사를 운영하겠다."

질문은 자신이 관심을 가지는 분야의 모든 것을 알아낼 수 있는 마력을 지니고 있다. 질문이 있으면 새로운 생각이나 의견을 생각해낼 수 있다. 기존에 있던 생각이나 개념을 새롭게 조합해 또 다른 생각이나 개념을 찾아낼 수도 있다. 그래서 질문이 창의력을 향상시키는 화룡점정이라고 말하는 것이다.

실패와 실수를
두려워 마라

● 백절불요 ●

百折不撓 백백,꺾을절,아니불,굽힐요

백 번 휘어져도 꺾이지 않는다는 뜻으로, 어떠한 어려움에도 굽히지
않고 강인한 정신력과 꿋꿋한 자세를 간직하는 것을 이르는 말.
채옹이 쓴 비문에서. 『후한서後漢書』 「교현전喬玄傳」

후한 시기 교현이라는 사람이 있었다. 그는 청렴하고 강직했으며
언제나 옳지 않은 일과 맞서 싸웠다.

젊은 시절 현에서 근무할 때 외척 양가의 비호를 받던 진왕의 재상
양창의 죄를 적발한 적이 있었다. 한양 태수로 있을 때는 현령 황보정
이 횡령죄를 범하자 즉각 사형에 처했다.

영제 때 성서령이 되었는데 이때 태중대부 개승이 황제와 가깝다
는 것을 믿고 백성을 착취했다. 교현이 개승을 옥에 가두고 뇌물로 받
은 재산을 몰수하라고 황제에게 소를 올렸다. 황제가 듣지 않고 오히

려 개승의 벼슬을 높여주자 실망한 교현은 병을 핑계로 사직했다. 영제가 태위라는 벼슬을 내렸으나 끝내 거부하기도 했다.

하루는 교현의 아들이 혼자 밖에서 놀다가 강도 세 명에게 납치를 당했다. 양구라는 장수가 즉시 군사들을 이끌고 구출하러 갔지만 교현의 아들이 다칠까 두려워 더 이상 어찌하지 못하고 있었다.

교현은 아들을 살리려면 돈을 내놓으라는 강도의 말에 응하지 않고 출동한 관병들에게 오히려 소리쳤다.

"어서 잡지 않고 무엇을 하느냐! 강도가 날뛰는데 내가 어찌 자식의 목숨이 아까워 도적을 따르겠느냐!"

그의 명령에 군사들은 강도를 잡았으나 안타깝게도 아들은 죽고 말았다.

훗날 조조는 교현의 무덤 앞에서 공경하는 마음으로 제를 지내주었다. 채옹은 「태위교현비송」이라는 글을 지어 교현은 백 번 꺾어질지언정 휘어지지 않는다고 칭송했다.

창의력을 향상시키려면 백절불요의 정신이 필요하다. 어떠한 어려움에도 굽히지 않고 도전하는 정신에서 창의적인 산물이 탄생하기 때문이다. 창의력 하면 유대인이 떠오른다. 노벨상 수상자 중 22퍼센트가 유대인이다. 영화계도 유대인이 장악하고 있다. 미국의 7대 메이저 영화사 중 디즈니를 뺀 나머지 파라마운트, MGM, 워너 브라더스, 유니버설 스튜디오, 20세기 폭스, 컬럼비아 픽처스의 창업자는 모두 유대인이다. 서비스 업계를 대표하는 스타벅스의 창업자도 유대인이다.

유대인들이 창의적인 분야에서 앞서가는 이유는 그들의 문화 영향이 크다. 첫 번째가 질문하는 문화이며, 두 번째는 실패해도 도전하는 정신에 있다. 백절불요의 정신으로 창의적인 분야에서 선두 주자가 된 것이다. 백절불요의 정신을 대변하는 문화는 바로 '후츠파'이다.

후츠파chutzpah는 히브리어로 뻔뻔함, 담대함, 저돌성, 무례함 등을 뜻한다. 형식 타파, 질문의 권리, 섞임과 어울림, 위험 감수, 목표 지향성, 끈질김, 실패 학습이라는 일곱 가지 정신이 후츠파의 근간을 이룬다. 한마디로 도전 정신을 의미한다.

기존의 형식이나 질서, 고정관념에 도전하며 새로운 것을 만들어나가는데 때로는 당돌하게, 때로는 뻔뻔하게 시도하며 나아간다. 기존의 것에 끊임없이 질문을 던지며 새로운 것은 없는지 담대하게 찾아 나선다. 나이와 직위, 권위에 주눅 들지 않고 무례함을 무릅쓰고 새로운 생각과 의견을 만들어낸다. 섞이고 어울리며 연결하고 융합하는 자세도 창의적인 산물을 만드는 데 결정적인 역할을 했다. 이런 도전 정신이 창의성을 높이고 세계를 주도하는 자리까지 오르게 한다.

발명가 에디슨은 도전 정신으로 수많은 발명을 했다. 전구, 축음기, 발전기, 가정용 영사기 등 무려 1,093개의 발명 특허를 받았다. 그 과정에서 수많은 실패와 좌절을 경험했지만 다시 일어서기를 반복했다. 때로는 기차에서 실험하다 불을 내 기차를 다 태울 뻔한 일도 겪었다.

백열전구 발명 초기에는 불이 켜진 후 5~6초가 지나면 꺼지기 일쑤였다. 그래도 포기하지 않고 전구 회사를 차렸다. 수학자, 유리 기술자와 유능한 조수들을 구해 전구 발명에 열정을 불태웠다. 그럼에도 실패가 지속되자 어느 기자가 물었다.

"그렇게 수도 없는 실패를 했다면 이제 그만하셔야 되는 것 아닙니까?"

그 말에 에디슨은 이렇게 답했다.

"저는 한 번도 실험에서 실패한 적이 없습니다. 수많은 잘못된 방법을 알아낸 것뿐입니다."

수많은 실패를 거듭한 끝에 1879년 필라멘트로 전구의 불을 밝히는 데 성공한다. 그는 축하의 자리에서 이렇게 말했다.

"실패가 나를 성공으로 이끌었다."

에디슨의 성공 이면에는 실패를 두려워하지 않는 도전 정신이 있었다. 한 번 실패할 때마다 좌절하고 포기했다면 인류의 삶에 도움이 되는 1,000개가 넘는 발명품은 존재하지 않았을 것이다.

10대 시기에 새로운 뭔가를 만들어내는 일은 쉽지 않다. 수없이 실수하고 실패하기 마련이다. 실수와 실패는 부끄럽거나 실력 없는 것이 아니다. 무엇을 완성해 나가는 과정에서 당연하게 따라오는 것이다. 중요한 것은 실수나 실패를 대하는 태도다. 실수하고 실패할 때 그것을 대하는 생각과 자세가 창의성을 향상시키거나 없앨 수 있다. 실수하거나 실패할 때마다 때로는 뻔뻔하게, 또 어떤 경우에는 담대하게, 저돌적인 자세로 무장해야 한다. 무례함을 무릅써야 할 때도 있다. 어떤 경우에도 시도하고 도전하겠다는 마음만 있다면 새로운 것을 만들어낼 수 있다.

아름다운 발레리나의 모습 이면에는 틀어진 뼈와 딱딱한 굳은살이 있다. 유명 축구선수의 축구화 속에는 멍든 자국과 파스 냄새가 진동한다. 아름다운 음악의 선율 뒤에는 수많은 구겨진 오선지가 있고 삭제한 파일, 딱딱하게 굳어 있는 피부가 있다. 세상에 있는 모든 창조물과 의미 있는 결과들은 실수하고 실패할 때마다 다시 일어서서 도전한 사람들의 것이다.

실수하고 실패할 때마다 다시 일어서려면 내면이 단단해야 한다. 자신을 사랑하고 존중하는 마음이 탄탄하게 자리 잡고 있어야 한다는 말이다. 자신이 소중하고 존귀한 사람이라고 생각하지 못하면 실수하고 실패할 때 부족한 면에 관심을 갖는다. "다음에 도전하면 잘할 수 있을 거야"라는 자기 격려보다는 "나는 이것밖에 안 되나 봐, 나의 능력은 여기까지야"라고 부정적인 시선으로 자신을 대한다.

자신의 능력이 부족하다고 여기는 것은 자기 존재 가치를 낮게 평가하는 것과 같다. 자신을 부정적으로 평가하면 새로운 시도와 도전은 어려운 일이 될 수밖에 없다. 그래서 새로운 것을 만들어내는 능력을 갖추려면 자신을 사랑할 줄 아는 마음이 무엇보다 필요하다.

방탄소년단이 UN에서 연설할 때 메시지의 주된 요지는 자신을 사랑해야 한다는 것이었다. 자신을 소중히 여기고 사랑하면 실패를 해도 의연하게 일어설 수 있다고 말한다. 리더 김남준의 메시지를 다시 살펴보자.

"방탄소년단에 합류하기로 결정한 후에도 여전히 많은 장애물이 존재했습니다. 어떤 분들은 아마 못 믿으시겠지만 대부분의 사람들이 우리는 가망이 없다고 했습니다. 어떨 때는 여기서 그만두고 싶었습니다. 그렇지만 그 모든 걸 포기하지 않아서 저는 행운이었다고 생각합니다."

그가 포기하지 않을 수 있었던 것은 자신을 사랑할 줄 알았기 때문이라고 덧붙였다. 그러니 여러분도 자신을 사랑하는 10대가 되었으면 한다. 자신을 사랑해주는 사람은 부모나 형제자매, 친구들도 있다. 하지만 그 누구보다 자기 스스로 자신을 사랑해야 한다. 그래야 백절불요의 정신으로 살아갈 수 있고 더불어 창의력도 생긴다.

버무리고 나누고
연결하라

● 오월동주 ●

吳越同舟 나라 이름 오, 나라 이름 월, 한가지 동, 배 주

오나라 사람과 월나라 사람이 같은 배를 탔다는 뜻으로, 서로 원수지
간이라도 공동의 목적을 달성하기 위해서 서로 협력한다는 것을 이르
는 말.

『손자병법孫子兵法』「구지九地」편

춘추 시대의 전략가 손무는 『손자병법』「구지」편에서 군사를 쓸
수 있는 아홉 가지 땅을 열거한다. 그중 마지막에 나오는 것이 사지死
地다.

"병사들을 갈 곳이 없는 지경에 집어넣으면 죽음에 이르러도 패퇴
하지 않으며, 죽음을 두려워하지 않으면 병사들이 전력을 다하여 싸
우게 된다. 병사들이 함정에 깊이 빠지면 죽기를 두려워하지 않게 되
며, 갈 곳이 없으면 군심이 오히려 안정된다. 적지에 깊이 들어가면
서로 의지하여 흩어지지 않게 된다. 부득이한 상황에서는 싸울 수밖

에 없게 된다. 이런 까닭에 병사들은 다스리지 않아도 경계하고, 구하지 않아도 정황이 상달된다. 약속하지 않아도 서로 화목하고 도우며, 명령하지 않아도 규율을 지킨다. 미신은 자연히 없어지고 서로 의심이 없어지며, 죽음에 이르러도 도망하지 않는다. 병사들이 재물을 남기지 않는 것은 재화를 싫어해서가 아니며, 생명의 위험을 돌보지 않는 것은 오래 살기를 싫어해서가 아니다. 명령을 내리는 날로 병사들 중 앉아 있는 자들은 눈물로 옷깃을 적시고, 누워 있는 자는 만면이 눈물범벅이 될 것이다. 병사들을 갈 곳이 없는 상황에 투입시키면 전저專諸와 조귀曹劌 같은 용기가 나오는 법이다. 그러므로 용병을 잘하는 자는 솔연率然과 같아야 한다. 솔연은 상산의 뱀으로, 머리를 치면 꼬리가 덤비고, 꼬리를 치면 머리가 덤비고, 몸통을 치면 머리와 꼬리가 한꺼번에 덤벼든다."

손자는 이렇게 사지에 대해 설명한 후 다음과 같은 예를 덧붙였다.

"감히 묻는데 군대를 솔연과 같이 움직이게 할 수 있는가? 할 수 있다. 오나라 사람과 월나라 사람은 서로 미워하지만, 같은 배를 타고 건너가다가 바람을 만나게 되면 서로 돕기를 좌우의 손이 함께 협력하듯이 한다."

이 이야기에서 오월동주가 유래됐다.

창의력의 사전적 정의는 "새롭고 뛰어난 생각을 해내는 능력"이라고 나와 있다. 백과사전에는 "새로운 생각이나 의견을 생각해내는 능력, 기존에 있던 생각이나 개념을 새롭게 조합해 새로운 생각이나 개념을 찾아내는 정신적이고 사회적인 과정"이라고 돼 있다. 새로운 것을 생각해내는 능력이 창의력의 핵심이라는 말이다.

하늘 아래에 완전히 새로운 것은 없다. 새로운 창조물은 기존의 것과 버무려지고, 나누고, 연결해 탄생하는 경우가 많다. 마치 오월동주의 고사처럼 말이다. 공동의 목표를 달성하기 위해 서로 다른 것들이 협력해서 의미 있는 결과를 만들어내기에 그렇다.

4차 산업혁명 시대를 주도하는 핵심 기술은 인공지능이다. 인공지능이 4차 산업혁명 시대를 대변하는 말이기도 하다. 이 중에서도 아주 기본적인 능력이 탑재돼 있는 것이 스마트폰이다. 스마트폰 하나만 있어도 수많은 일을 할 수 있다. 현재 10대들은 스마트폰만 쥐여줘도 며칠은 거뜬히 지낼 수 있을 것이다.

그런데 스마트폰의 시작점인 아이폰은 완전히 새로운 창조물이라고 볼 수 없다. 스티브 잡스의 아이디어로 만든 것인데 스마트폰은 연결 짓고 버무려서 만든 제품이라고 봐도 무방하다. 초창기 스마트폰은 기존에 사용하던 제품들을 하나에 모두 넣어놓았다. 전화기, 카메라, MP3, 인터넷, TV, PC의 제품과 기능을 한 군데 집약해놓은 것이다. 이것이 진화해 더 다양한 기능을 탑재한 막강한 디지털 기계로 발전했다.

스티브 잡스는 i-시리즈로 인공지능 시대를 주도했다. 아이팟, 아이맥, 아이폰, 아이패드, 아이클라우드 등으로 창조적인 산물을 수없이 만들어냈다. 그가 이렇게 창의적인 산물을 만들어낼 수 있었던 것은 기술과 교양(인문학)의 교차점에 있으려고 노력한 결과였다. 서로 다른 지식과 정보를 버무리고 나누고 연결하는 과정에서 만들어진 것이라는 말이다. 그것이 창의성 있는 제품을 만드는 핵심 요소였다.

유럽의 많은 나라들이 하고 있는 교육의 뿌리는 프랑스의 바칼로레아다. 교육 개혁을 단행한 일본도 이 바칼로레아에 뿌리를 두었다. 프랑스 학생들은 철학과 문학이라는 교차점에서 생각하고 훈련한다. 다양한 시, 소설, 수필, 희곡을 읽고 철학적인 물음을 던지고 그것을 글로 정리한다. 그리고 서로 토론하며 나눈 것을 글로 쓰고 설명하며 깊이를 더해간다.

우리의 10대들이 공부하는 것과 완전히 다르다. 우리는 철학을 공부할 때 철학자들이 주장한 이론을 암기하고 문학 작품도 답을 외운다. 다양한 방식으로 생각하는 것이나 새로운 사고의 전환과는 거리가 멀다. 인간 본질을 탐구하고 나라면 어떻게 할 것인지 깊이 생각하지 않는다.

인생에 정답이 없듯이 철학도 문학도 사실 정답은 정해져 있지 않다. 저마다 느끼고 생각하고 사고한 것이 다르다. 다른 점을 서로 이야기하고 나누며 다른 사람에게 공감하면서 창조적인 상상력을 더해갈 수 있다. 다른 관점에서 사물을 보고 다양성도 느낄수 있다. 새로운 것을 만들어내는 토대를 철학과 문학이라는 장르를 통해 배우는 것이다.

학교뿐만 아니라 철학과 문학을 바탕으로 공부를 활발하게 진행하고 있는 곳이 또 있다. 바로 실리콘밸리다. 4차 산업혁명 시대를 주도하는 곳에서 철학과 문학 공부가 활발히 이루어지고 있다. 미래를 통찰하고 새로운 창조물을 만들어내는 사고를 하기에 가장 효과적인 도구가 철학과 문학이기 때문이다. 서로 다른 관점에서 생성된 것들을 교차시킬 때 의미 있는 결과를 만들어낼 수 있기에 철학과 문학을 공부한다.

샤프로 글을 쓰다가 틀리면 속에 달려 있는 지우개로 지우는 것이 보통이다. 따로 지우개를 가지고 다닐 필요 없이 뚜껑을 열면 지우개가 나온다. 이 제품은 지우개가 달린 연필에서 창안해 만들었다. 지우개가 달린 연필은 창의적인 사람이 서로 다른 기능을 연결 지어서 만든 아이디어 상품이다. 연필은 1564년에 발명되었고 지우개는 1770년에 발명되었다. 지우개가 달린 연필은 1858년에 만들어졌다. 지우개가 발명되고 무려 86년이 지나서 창의적인 아이디어 상품이 나온 것이다.

서로 다른 상품을 하나로 버무리고 연결 지어 만든 제품은 정말 많다. 신발에 바퀴를 붙인 롤러 블레이드, 샴푸와 린스를 하나로 융합해 만든 복합 샴푸, 드라이버에 전등을 연결해 만든 드라이버도 있다. 이외에 다양한 제품들이 서로 버무려지고 연결 지어 만들어지고 있다.

이 밖에도 모양을 바꾸거나, 기존의 제품을 나누고, 기존과 반대로 바꾸어 보고, 기존의 제품에서 하나의 기능을 빼서 만든 창의적인 제품들도 많다. 대표적인 창의적 인물인 아인슈타인은 노벨 물리학상을 받는 자리에서 자신이 상을 받을 수 있었던 비결을 이렇게 말했다.

"세상 사람들은 규칙을 지키는 것이 가장 중요한 가치라고 생각하지만, 나는 반대로 규칙을 뒤집었을 때 우리에게 가장 필요한 새로운 규칙이 탄생할 것이라고 믿는다."

아인슈타인이 창의적인 산물을 만드는 비결은 뒤집어서 생각하는 것이었다. 이처럼 창의력은 학문이든, 제품이든, 기술이든 버무리고 나누고 연결 짓는 과정에서 탄생한다.

책을 읽고 난 후 느낌과 생각을 정리할 때 다양한 것들과 버무리고 나누고 연결 짓는 훈련을 해보라. 사물을 볼 때도 허투루 보지 말고 항상 버무리고 나누고 연결 지어 생각하는 습관을 길러보자. 오월동주의 고사를 생각하며 오늘의 삶에서 버무리고 나누고 연결 짓다 보면 나도 모르게 창의적인 생각으로 무장돼 있을 것이다.

불편하고 안타까운 것을
참지 마라

● 역지사지 ●

易地思之 바꿀 역, 땅 지, 생각할 사, 갈 지

상대편의 처지나 입장에서 생각해보고 이해하라는 뜻으로, 처지가 바뀌어도 똑같이 생각하고 행동해야 한다는 것을 이르는 말.

『맹자孟子』「이루離婁」편

맹자가 말했다.

"우禹 임금과 후직은 태평성대에 세 번 자기 집 문 앞을 지나면서도 들어가지 않아서 공자가 그들을 어질게 여겼다. 공자의 제자인 안회는 난세에 누추한 골목에서 한 그릇의 밥과 한 바가지의 물로 비참할 정도의 가난 속에 살면서도 안빈낙도安貧樂道[13]의 태도를 잃지 않아 공자가 그를 어질게 여겼다."

---

13 가난 속에서도 편안한 마음으로 도를 즐긴다는 말이다.

그러면서 맹자는 이런 말로 그들을 평했다.

"우 임금과 후직, 안회는 모두 같은 길을 가는 사람으로 서로의 처지가 바뀌었더라도 모두 같게 행동했을 것이다."

안회도 태평성대에 살았다면 우 임금이나 후직처럼 행동했을 것이며, 우 임금과 후직도 난세에 살았다면 안회처럼 행동했을 것이라는 뜻이다. 즉 처지가 바뀌었어도 모두 그러했을 것이라는 뜻이다.

4차 산업혁명 시대의 핵심 키워드는 창의력이다. 창의적인 사람이 많은 기업과 나라는 그렇지 않은 곳보다 훨씬 앞서갈 것이 분명하다. 그래서 10대들에게도 창의적인 사람이 되라고 강조한다. 교육정책도 '창의적인 인간 육성'이라는 표제 아래 운용되고 있다. 창의력을 부르짖는 현실 속에 있다 보니 모든 초점이 창의력에 맞춰져 있다.

오직 창의력만 외치며 산다면 삶이 피곤해질지 모른다. 번뜩이는 아이디어를 내놓아야 한다는 강박감, 새로운 것을 창조해야 한다는 생각에 오히려 스트레스를 받아 행복하지 않을 수 있다.

그렇다고 창의력을 무시하고 살 수는 없다. 누군가 시키는 대로 하거나 단순 반복적인 사고와 생각은 인공지능에 대체되기 때문이다. 이러지도 저러지도 못하는 상황에서 어떻게 하면 좋을까?

부담 없이 창의력을 향상시키는 방법은 역지사지의 마음을 품는 것이다. 역지사지는 상대편의 입장이나 처지를 생각하고 이해하는 것이다. 상대를 배려하고 관심을 두면 창의적인 산물이 많이 나온다. 사랑하는 사람의 불편함을 해소해주려다, 상대의 안타까운 현실을 고쳐주려다 생각지도 못한 새로운 것이 창조되기 때문이다. 창의를 부르짖지 않고도, 항상 창의적인 생각을 해야 한다는 강박적인 마음 없이도 역지사지의 마음으로 살면 누구나 새로운 것을 만들어낼 수 있다.

농사를 지을 때 씨앗을 일일이 손으로 심는 것이 불편해 보여 만든 것이 있다. 바로 자동 파종기이다. 씨앗을 기계에 넣고 두렁을 지나가기만 하면 자동적으로 파종이 되는 기계다. 이 기계만 있으면 허리를 굽혀 씨앗을 심는 불편을 해소할 수 있다. 허리가 아파 고생하는 가족을 보지 않아도 되고, 일꾼들의 힘겨움도 덜어줄 수 있다. 누가 만들었는지는 모르지만 불편함을 해소하려는 고민 끝에 기계를 탄생시켰을 것이다. 처음에는 어설펐지만 창의적인 아이디어가 진화해가면서 최첨단 기기들과 어울려 자동화된 기계로 거듭났을 것이다.

새 신발을 신었을 때 컨디션에 따라 꽉 끼어서 고생한 경험이 있을 것이다. 신발 때문에 고통스러워하는 가족을 보고 문제를 해결한 디파인드라는 회사가 있다. 그 회사의 김주형 대표가 한 인터뷰에서 창의적인 제품을 만든 계기를 밝혔다.

"제 아내와 딸이 온라인 주문을 할 때마다 번번이 실패하고 불만을 토로했어요. 이때 발과 신발을 겹쳐서 볼 수 있다면 이 문제를 해결할 수 있다는 생각이 번뜩 들었어요. 개인적인 생활의 불편함에서 시작해, 이게 많은 사람들에게도 문제점이라는 것을 알게 된 거죠. 그 후로 팀원들과 의기투합해 지금의 자리까지 오게 되었어요."

그는 가족의 불편한 점을 해결하려다 신발 매칭 서비스 '슈빅'을 개발한 것이다. 사용자의 발을 스마트폰으로 찍어 3D 데이터를 추출해 꼭 맞는 신발을 찾아주는 서비스다. 많은 사람들이 이 제품을 사용한 후 만족해하고 있다. 역시 역지사지의 마음에서 탄생한 제품이다.

물이 없는 아프리카 사람들의 불편함을 해소해주기 위해 만든 아이디어 상품도 있다. TV에서 어린이와 여성들이 양동이를 손에 들거나 머리에 이고 수 킬로미터를 걸어가서 물을 길어오는 장면을 본 적이 있을 것이다. 이 모습이 안타까워 문제를 해결해주고 싶은 마음에 획기적인 아이디어 상품을 만들어낸 사람이 있다. 바로 남아프리카공화국의 건축가인 한스 헨드릭스다.

그는 도넛 모양의 물통을 제작해 멀리서도 힘들이지 않고 물을 운반할 수 있도록 도왔다. 도넛 모양처럼 가운데가 뚫려 있어 끈을 통과시켜 굴려서 운반할 수 있도록 만든 것이다. 도넛처럼 생겨서 'Q드럼'이라는 이름을 붙였다. 50리터의 물을 채우면 54.5킬로그램이 나가지만 바퀴가 굴러가는 원리이므로 힘들이지 않고 어린이와 여성들이 멀리서도 물을 운반할 수 있다. 이것 역시 여성과 아이들의 불편함을 해소해주기 위해 만든 제품이다.

또 작은 상처가 생겼을 때 자주 사용하는 밴드도 이런 발명품이다. 간편하게 사용할 수 있는 밴드는 사랑하는 아내를 위해 만들어진 것이다. 딜슨이라는 사람의 아내는 부엌일이 서툴러 음식을 만들다 자주 칼에 베이곤 했다. 남편은 외과 치료용 테이프를 제작 판매하는 직장에 다니고 있어서 다칠 때마다 붕대와 반창고로 아내의 손가락을 치료해주었다.

하지만 자신이 없을 때 아내가 다치면 치료를 해주지 못하는 것이 안타까웠다. 자신이 없더라도 혼자서 치료할 수 있는 반창고가 있으면 좋겠다는 생각을 한 것이다. 외과 치료용 거즈를 이용해 작은 조각을 만들고 그 위에 치료용 테이프를 붙였다. 상처 난 곳에 바로 붙이기만 하면 되는 아이디어 상품이었다. 이것이 계기가 되어 '밴드 에이드' 상품이 탄생했다. 우리가 사용하는 밴드의 시조다. 딜슨은 이 상품을 만든 계기를 이렇게 밝혔다.

"저는 성공하려고 발명한 게 아닙니다. 단지 사랑하는 사람을 행복하게 해주고 싶었을 뿐입니다."

상처로 고생하는 아내를 향한 사랑, 사랑하는 아내의 모습이 안타까워 궁리한 제품이 획기적인 상품으로 거듭난 것이다.

　　　　　　　　　　십대, 4차 산업혁명을 이기는 능력

이외에도 거의 모든 창의적인 제품들은 역지사지의 마음에서 탄생했다. 불편한 점을 해소해주려다, 안타까움을 견디지 못해 해결책을 궁리하다가 획기적인 제품들이 만들어졌다. 그러니 자신과 만나는 사람에게 관심을 가지고 자세히 살피는 습관을 가져야한다. 봉사활동을 가더라도 시간을 채우려는 의도보다 상대를 사랑하는 마음으로 대하는 태도가 필요하다. 그들의 입장과 처지를 살피며 봉사에 임하면 분명 또 다른 뭔가를 볼 수 있다.

아무 생각 없이 하는 봉사활동과 역지사지의 마음으로 행하는 봉사활동은 차원이 다르다. 역지사지의 마음이 습관화되면 자신도 모르는 사이에 획기적인 아이디어가 샘솟고 삶의 질을 향상시킬 수 있는 방법도 궁리해낼 수 있다. 창의적으로 살아야 한다는 강박 속에서 고민할 필요도 없다. 상대의 불편함을 해소하고 안타까워하는 마음을 실천하는 동안 창의력은 샘솟듯 솟아날 테니까.

문제를 발견하고
해결하는 능력을 키워라

● 백미 ●

白眉 흰백, 눈썹미

흰 눈썹이란 뜻으로, 여럿 가운데 가장 뛰어난 사람을 말하거나 작품
의 내용 중에서 가장 뛰어난 부분을 비유하여 이르는 말.
『삼국지三國志』「마량전馬良傳」

천하가 위, 촉, 오의 세 나라로 나뉘어서 서로 패권을 다투던 삼국
시대 일이다. 유비는 적벽대전 후 형주 양양 남국을 얻고 군인과 신하
들을 모아놓은 후에 앞으로의 계책에 대해 물었다.

이때 유비를 두 번이나 구해준 이적이 이런 말을 한다.

"새로 얻은 땅들을 오랫동안 지키고 싶으면 능력 있는 훌륭한 신
하를 얻어야 할 것입니다."

유비가 이적에게 물었다.

"능력 있는 신하가 누구인가?"

그러자 이적은 당시 중국에서 유명했던 마씨 5형제를 알려준다. 가장 큰 장남 마량을 필두로 5형제 모두 상 자가 들어가 있고 재능이 뛰어나다고 해서 마씨오상馬氏五常이라고 불렀다. 이적은 유비에게 이렇게 말했다.

"마씨의 오상五常 가운데 가장 뛰어난 사람은 역시 흰 눈썹입니다."

마량은 눈썹에 하얀 털이 있었기 때문에 백미라고 불렸다.

마량은 후에 오나라에 빼앗긴 형주를 되찾는 데 결정적인 역할을 했다. 하지만 유비가 관우의 원수를 갚기 위해 조급한 마음으로 벌인 이릉 전투에서 전사하고 말았다.

창의력을 향상시키려면 어떤 한 분야에 뛰어난 능력을 가져야 한다. 모든 분야에 능통하기보다 자신이 좋아하는 분야를 찾고 그 분야에서 특출한 능력을 발휘하면 창의적인 사람으로 거듭날 수 있다. 그런 사람이 일구어낸 것을 보고 백미라고 말할 수 있다.

음악을 좋아해서 창의성을 드러내고 싶다면 자신이 좋아하는 분야를 찾으면 된다. 모든 사람이 다 가수가 될 필요는 없다는 말이다. 작곡에 관심이 있으면 곡을 만드는 작업에 몰두하면 된다. 연주가 좋으면 좋아하는 악기를 찾아 훈련을 쌓아가면 된다. 음악만 해도 수많은 분야가 있다. 그중에서 자신이 관심이 가고, 하고 싶은 것을 찾아 노력하면 된다.

중요한 것은 각각의 분야를 찾아 시도하고 도전하기 전에 음악이 무엇인지 이해할 줄 알아야 한다. 음악의 전체를 이해하는 감각이 있어야 부분적인 분야에서도 빛을 발할 수 있다.

음악을 한 예로 들었지만 창의적인 산물을 창출하려면 관심 분야의 전체 흐름을 꿸 수 있어야 한다. 전체를 이해할 수 있어야 부분적인 것도 이해하고 의미 있는 결과물을 만들어낼 수 있다. 숲을 보고 난 후에 나무를 봐야 전체가 이해되는 이치와 같다. 나무와 골짜기만 보면 숲 전체를 이해하기는 힘들다.

창의력이 좋은 사람의 특징은 문제가 무엇인지 발견하고 그 문제를 해결할 줄 안다는 점이다. 문제를 발견한다는 것은 전체의 흐름을 꿸 수 있다는 뜻과 동일하다. 문제가 무엇인지 모르는데 어떻게 해결책을 찾아내고 창의적인 산물을 창출해낼 수 있겠는가. 창의적인 산물은 결국 문제가 무엇인지 아는 데서 출발한다.

우리의 삶은 가만히 살펴보면 문제투성이다. 다양한 문제들이 우리 삶을 가로막고 있다. 문제를 만날 때마다 어떻게 대처하는지에 따라 삶의 방향이 달라진다. 문제가 어렵다고, 문제가 풀기 힘들다고 피하거나 도망치면 좋은 쪽으로 성장할 수 없다. 문제를 해결하고 넘어서야 원하는 방향으로 도약이 가능하다.

하나의 문제를 넘어서면 새로운 문제가 우리를 기다리고 있다. 그런데 문제를 만났을 때 참 다양한 모습들을 만난다. 어떤 사람은 문제를 만나면 불평하기 일쑤다. "왜 나에게 이런 문제를 주냐"며, "왜 나에게만 이런 문제가 생기냐"며 불만을 터뜨린다. 문제를 해결할 생각보다 문제 제공자들에 대한 푸념만 늘어놓는다. 그러는 동안 삶은 점점 더 어려운 문제에 다다르게 된다.

두 번째는 문제가 생겨도 그것을 문제로 인식하지 못하는 경우다. 분명히 자신이 풀어야 할 문제이며 숙제인데 자기에게 주어진 문제라고 느끼지 못한다. 자신이 아니라 친구들이 해야 할 일이라고 생각하는 경우도 많다. 문제를 자기 것으로 인식하지 못하면 항상 같은 자리에 머물게 된다. 성장하지 못한다.

셋째는 문제를 문제로 보는 경우다. 문제가 무엇인지 알아채는 사람들이 여기에 속한다. 많은 10대들이 자기 삶의 문제가 무엇인지 안다. 무엇을 어떻게 고치고 해결해야 하는지 알기는 아는데 그 문제 앞에 똑바로 서지 못한다. 자꾸만 피하거나 도망친다. 해결하는 데 서툴러서 그렇다. 구체적인 해결책을 마련하는 데 어려움을 느끼거나 스스로 문제를 해결할 능력이 없어서다. 문제가 무엇인지를 알지만 해결할 능력이 없어 도약하지 못하고 성장하지 못하는 것이다. 이렇게 되면 창의적인 산물도 만들어내지 못한다.

넷째는 문제가 무엇인지 발견해내는 능력이 있고, 나아가 문제 해결 능력도 갖춘 사람이다. 이런 사람이 문제를 해결해내는 것을 보고 사람들은 백미라고 말한다. 그런데 문제를 발견하고 해결하는 능력을 갖춘 사람들은 독특한 특징이 있다. 그들은 문제가 자신 앞에 나타났을 때 '우연히' 문제를 해결하지 않는다는 것이다. 그들은 대부분 문제가 있는 곳으로 스스로 들어간다. 불편한 곳으로 찾아가고, 안타까운 현장으로 간다. 그곳에서 문제를 해결할 방법을 찾고 다른 사람들의 삶을 좋은 쪽으로 변화시킨다. 그들은 자신의 노력으로 다른 사람들이 행복해하는 모습에서 삶의 의미를 찾고 보람을 느낀다. 그것을 최고의 보상으로 여기며 오늘을 산다.

그럼 어떻게 해야 문제를 발견하고 해결할 능력을 갖출 수 있을까?

첫째는 보고 듣는 것을 잘해야 한다. 잘 보고, 잘 읽고, 잘 듣는 훈련이 필요하다. 잘 보고, 잘 들어야 사실을 사실대로 보는 눈을 가질 수 있다. 사실을 사실로 보는 일이 쉽지 않다. 왜냐하면 사실을 보고 해석하는 것이 제각각이기 때문이다.

한 가지 사회적인 이슈가 일어나도 그것을 방송하는 방송사마다, 신문사마다 보도 내용이 조금씩 다르다. 그래서 사실을 사실로 보기가 어렵다. 그럼 어떻게 하면 균형 잡힌 사고를 가질 수 있을까? 대척점에 있는 두 가지 문제를 보고 공통분모를 찾고 해석하는 훈련이 필요하다. 정치라면 진보와 보수를 아우르며 해석해야 균형 잡힌 사고를 형성하는 데 도움이 된다는 말이다.

잘 보고, 잘 들으려면 어휘와 개념을 확실히 정리하는 것도 도움이 된다. 어휘와 개념을 익히지 못하면 이해하는 데 어려움을 느낀

십대, 4차 산업혁명을 이기는 능력

다. 영어 단어를 모르면 독해가 어려운 것이 이를 증명해준다. 그러므로 오늘 접하는 정보와 지식 중에서 이해가 안 되는 어휘와 개념이 있다면 반드시 그 문제를 해결하는 습관을 들여야 한다. 얼렁뚱땅 넘어가면 사실을 사실로 보는 눈을 갖기 어렵다.

두 번째는 논리적인 사고를 훈련해야 한다. 있는 그대로를 보는 것으로는 의미 있는 결과물을 만들어낼 수 없다. 그래서 생각을 훈련하고 논리 체계를 갖추는 훈련이 필요하다. 생각이 훈련되지 않으면 사실을 사실로 봐도 그것을 해결하는 능력은 갖춰지지 않는다.

생각을 훈련한다는 것은 수용된 지식과 정보를 기존에 자신이 갖고 있는 지식과 연결해 생각하는 것이다. 그러려면 나누고 버무리고 연결 짓는 노력이 필요하다. 자꾸 버무리고 나누고 연결 짓는 훈련을 하다 보면 지식에 질서가 잡힌다. 체계화되고 구조화된다. 어느덧 흩어져 있던 낱알들이 멋진 보석으로 꿰어지는 것이다.

버무리고 나누고 연결 지으려면 삶에서 의심해보고 의문을 던지고 질문하는 습관이 필요하다. 의심하고 의문을 던지고 질문하는 과정에서 사실이 사실로 보이고 그것을 해결할 수 있는 해결책도 보인다. 이런 과정을 반복적으로 훈련하면 문제를 발견하고 해결할 능력이 향상된다. 가장 뛰어난 인재는 문제가 무엇인지 알고 그 문제를 해결할 능력을 갖춘 사람이다. 문제 속으로 들어가 문제를 창의적으로 해결하는 사람을 말한다.

지식이 없는 선함은 약하고,
선함이 없는 지식은 위험하다.
이 두 가지가 합저서 고귀한 인품을 이룰 때
인류에 도움이 되는 토대가 될 수 있다.
－존 필립스

태도의 힘

4차 산업혁명 시대에 품어야 할 태도

변화에 적응하는
유연한 태도를 품어라

● 임기응변 ●

『진서』의 「손초전」에는 손초의 평을 이렇게 해놓았다.

"나라와 백성을 다스리는 방책이 뛰어났고, 임기응변이 무궁하였다."

손초는 젊었을 때 세속 생활을 우습게 여겨 산속으로 들어가버리려
고 했다. 어느 날 왕제라는 친구를 붙잡고 하소연했다.

"앞으로는 돌로 양치질을 하고 흐르는 물을 베개로 삼을 작정이네."

그 말을 듣고 왕제가 웃으면서 핀잔했다.

"이 사람아, 돌을 베개 삼아 베고 흐르는 물로 양치질을 하며 신선
처럼 살겠다는 것이겠지. 말을 좀 똑바로 하게."

자기가 실언한 것을 깨달은 손초는 임기응변으로 둘러댔다.

"자네야말로 너무 곧이곧대로군. 내가 돌로 양치질을 하겠다고 한 것은 왕모래로 이를 문지르겠다는 뜻이고, 흐르는 물을 베개로 삼겠다고 한 것은 옛날의 은둔자 허유처럼 더러운 말을 들으면 귀를 씻겠다는 뜻이야. 그만한 것도 못 알아듣겠나?"

허유는 순임금이 천하를 물려주겠다고 하자 이를 거절하고는 더러운 말을 들었다며 강물에 귀를 씻은 은자이다. 손초가 자신의 실수를 인정하기 싫어서 억지를 부린 것이지만 그의 임기응변을 엿볼 수 있는 대목이다. "돌로 양치질을 하고 흐르는 물을 베개로 삼을 작정이네"의 수석침류에서 임기응변이라는 말이 나왔다.

10대들이 4차 산업혁명 시대를 살아내려면 임기응변 자세가 필요하다. 시시각각 변하는 세상에 유연하게 대처할 능력을 갖추는 것이 중요하다는 말이다. 예전의 경험만 고집한다거나, '어떻게든 되겠지'라며 아무 생각 없이 지내면 좋은 결과를 기대하기 어렵다. 준비하지 않고 유연하게 행동하지 않으면 변화하는 세상의 흐름을 놓치기 일쑤거나 도태될 수 있기 때문이다.

스마트폰이 나오기 전에 휴대폰 시장은 핀란드의 노키아가 세

십대, 4차 산업혁명을 이기는 능력

계를 주도했다. 미국의 모토로라를 누르고 세계를 제패하며 승승장구했다. 하지만 그 영광은 그리 오래가지 않았다. 애플에서 아이폰이 출시되면서 서서히 내리막길을 걸었다. 삼성에서 갤럭시 시리즈를 출시하자 회사는 몰락의 길을 걷다가 2013년 마이크로소프트에 인수되고 만다.

시장 점유율 1위를 차지하던 회사가 하루아침에 문을 닫게 된 배경은 무엇일까? 많은 전문가들이 분석한 결과에 따르면 격변하는 시장의 트렌드에 발 빠르게 순응하지 못한 것이 이유다. 임기응변에 능하지 못한 것이 패인이라는 것이다. 실제 노키아는 오랜 성공의 경험에서 벗어나지 못했다. 세계가 열광하는 스마트폰 트렌드를 무시했다. 오히려 애플이 아이폰을 출시했을 때 "저건 조크 같은 제품"이라고 비아냥거렸다.

노키아는 아이폰의 기세가 꺾이지 않을 것이라는 것을 깨달은 후에야 대응책을 내놓았다. 자신들이 자체 개발한 '심비안 OS'를 밀어붙인 것이다. 하지만 기능이 지나치게 단순해 소비자의 외면을 받았다. 뒤늦게 마이크로소프트사와 손을 잡았지만 이미 회사는 기울어져 가고 있었다. 변화에 유연하게 대처하지 못한 결과였다. 한마디로 임기응변이 잘못된 것이었다.

이와 반대로 변화에 유연하게 반응해서 좋은 결과를 이끌어낸 경우도 있다. 과거 일본이 그랬다. 일본은 1854년 미국으로부터 강제로 개항을 당했다. 페리 제독이 흑선을 타고 일본으로 건너가 신문물을 전해주었다. 일본은 굴욕적으로 미국에게 개항을 당했지만 그것을 기회로 삼았다. 일본이 선택한 것은 교육 개혁이었다. 18년 뒤인 1872년 일본은 전 국민이 서양식 교육을 받는 학제로 바꾸었다. 그것이 계기가 돼 메이지유신이 일어났다. 메이지유신으로 1차 산업혁명 시대라는 새로운 시대 흐름에 올라타고 군사 대국으로 변했다. 그 힘으로 대한제국을 멸망시켰다.

일본이 개항을 당할 때 의미 있는 야사野史[14]가 있다. 개항을 위해 일본에 갈 때 페리 제독은 두 가지 선물을 준비해 갔다. 당시 미국에서 쓰던 신형 소총 두 정과 증기기관차 모형이었다. 굴욕적인 조약을 맺는 자리에서 받은 선물을 일본은 어떻게 처리했을까. 변화하는 세상 문물을 유연하게 받아들였을까? 아니면 기분 나쁘다고 박살을 냈을까? 당시 일본은 굴욕을 느꼈지만 변화에 유연하게 반응했다.

어떻게 반응했는지 살펴보자. 일본은 신형 소총을 분해하고 분석한다. 그리고 2년 뒤에 그것과 비슷한 3,000정의 소총을 만들어낸다. 증기기관차 모형을 보고는 유능한 젊은이들을 모집해 미국으로 보내 기술을 배우게 한다. 훗날 그 사람들이 일본으로 돌아와 배운 기술력으로 도쿄와 요코하마 사이를 잇는 일본 철도를 부설한다. 변화를 대하는 태도가 일본의 발전을 이끌었다.

---

14 민간에서 사사로이 기록하는 역사를 의미한다.

일본은 이런 경험을 한 후 1876년 강화도 조약을 맺는 자리에서 우리에게 선물 두 가지를 가져온다. 우리도 일본처럼 굴욕적인 조약을 맺으며 원산, 인천, 부산의 항구를 강제로 열게 된다. 치외법권을 인정한 불평등조약이었다. 그때 일본이 우리에게 준 것은 개틀링 기관총[15]과 2,000발의 총알이었다. 우리나라에서는 이에 어떻게 대처했을까? 일본과 달리 우리나라는 개틀링 기관총과 총알을 창고에 처박아두었다. 기분이 나빴기 때문이거나, 활용할 수 있는 방법을 생각해내지 못해 창고에 넣어두었을 것이다.

변화에 민감하게 반응하지 못한 결과는 참혹했다. 개틀링 기관총을 보유한 일본군에게 우리의 동학 농민군 수만 명이 우금치에서 학살을 당했기 때문이다. 피가 거꾸로 솟는 이야기다. 교과서에는 나와 있지 않지만 야사로 전해지는 이야기는 충격적이다. 이이야기만으로도 변화에 적응하는 유연한 태도가 얼마나 중요한지알 수 있다.

인공지능으로 무장한 알파고와 이세돌의 바둑 대결은 10대들도 아는 유명한 대결이다. 인간이 인공지능과 겨루어 누구도 승리하지 못했는데 오직 이세돌만 한 판 이겼다.

대결 전 이세돌은 알파고를 5대 0으로 이길 수 있다고 호언장담했다. 하지만 첫째, 둘째, 셋째 판을 허무하게 내주고 말았다. "이

---

15   미국의 리처드 조던 개틀링이 1862년 제작한 기관총이다.

세돌이 진 것이지 인간이 패배한 것이 아니다"라고 에둘러 말했지만 전 세계는 충격에서 벗어나지 못했다.

하지만 네 번째 판에서 보기 좋게 알파고에 승리를 거둔다. 이세돌이 승리를 거둘 수 있었던 요인 중 하나는 임기응변이었다. 첫째, 둘째, 셋째 판에서 알파고를 분석해 기존 방식에서 벗어난 수를 두었다. 알파고가 예상치 못하는 수를 둔 것이다. 그러자 알파고가 버그를 일으키며 자멸했다. 4차 산업혁명 시대가 만든 최첨단 기계를 이긴 것은 이세돌이 지금까지 두었던 바둑 방식에서 벗어난 수가 결정적 역할을 했다. 그것이 인공지능을 이긴 신의 한 수가 되었다.

4차 산업혁명 시대에는 어떤 신기술이 나올지 예측하기 힘들다. 하루가 다르게 최첨단 기술로 무장한 제품들이 쏟아지고 있다. 특히 코로나19 사태는 전혀 예상하지 못한 일들을 하도록 이끈다. 어제의 삶의 태도와 오늘의 삶의 태도를 완전히 달리해야 하는 상황에 놓인 것이다. 이런 급변하는 시대에 의미 있는 삶을 살아가려면 변화에 적응하는 유연한 태도가 필요하다. 과거의 선입견과 편견이 아니라 동원할 수 있는 모든 방법과 생각으로 문제를 해결하려는 유연한 자세가 준비돼야 한다. 새로운 상황에 부딪힐 때마다 유연하게 대처하며 문제를 해결하려는 사람에게 4차 산업혁명 시대는 위기가 아니라 기회이다. 변화에 적응하려는 유연한 태도만 준비돼도 미래는 불안이 아니라 희망으로 다가온다.

공감하고 협력하는
태도를 갖춰라

● 고장난명 ●

孤掌難鳴 외로울 고, 손바닥 장, 어려울 난, 울 명

한쪽 손으로는 소리가 나지 않는다는 뜻으로, 혼자서는 일을 이루지
못하거나 맞서는 사람이 없으면 싸움이 되지 않음을 이르는 말.

『한비자韓非子』「공명功名」편

● 십시일반 ●

十匙一飯 열 십, 숟가락 시, 한 일, 밥 반

열 사람이 한 숟가락씩 밥을 보태면 한 사람이 먹을 만한 양식이 된다
는 뜻으로, 여럿이 힘을 합하면 한 사람쯤은 도와주기 쉽다는 것을 비
유적으로 이르는 말.

정약용 『이담속찬耳談續纂』

『한비자』「공명」편에 나온 내용이다.

군주란 천하가 힘을 합쳐 함께 그를 높이므로 안정하고,

많은 사람이 마음을 합쳐 함께 그를 세우므로 존귀하며,

신하는 뛰어난 바를 지켜 능한 바를 다하므로 충성한다.

군주를 높여 충신을 다스리면 오래 즐거이 살아 공명이 이루어지고,

명분과 실리가 서로 견지하여 세워지므로,

신하와 군주가 하고자 하는 바는 같으나 쓰임은 다르다.

군주의 격정은 호응함이 없음에 있으므로 "한 손으로 홀로 쳐서는
아무리 빨리 해도 소리가 나지 않는다"라고 한다.

이 글에서 고장난명이라는 말이 유래됐다.

4차 산업혁명 시대는 협력하고 공감해야 의미 있는 결과를 만
들어내는 사회다. 한쪽 손바닥으로는 절대 박수를 칠 수 없다. 부
족하지만 한 사람, 한 사람의 힘이 합쳐지면 인공지능에 맞서 승
리할 수 있다. 그래서 고장난명과 십시일반, 두 고사성어의 의미
는 4차 산업혁명 시대에 꼭 알아둘 필요가 있다.

먼저 공감의 태도부터 알아보자. 공감의 의미를 알아야 자연스
레 협력의 의미도 깨달을 수 있기에 그렇다. 공감의 어원은 "함께

고통을 겪다"라는 뜻이 담겨 있다. "남의 신발을 신다"라는 의미도 숨겨져 있다. 안에서 느끼는 감정이나 고통은 함께 공유하는 감정이다. 남의 신발을 신으면 상대의 온기를 그대로 느낄 수 있어 상대방이 처한 상황을 이해할 수 있다.

인공지능은 절대 지닐 수 없는 것이 공감 능력이다. 인공지능은 프로그램화된 대로 인식하고 움직인다. 자신 때문에 일자리를 잃고 힘들어하는 사람들을 생각하지 않는다. 오직 주어진 일만 해낸다. 이런 태도는 4차 산업혁명 시대를 의미 있게 준비할 수 없으며, 인재도 될 수 없다.

미래 사회가 되면 10대들이 가져야 할 태도로 다양한 것을 꼽는다. 그중에서도 핵심이 되는 요소는 '사회지능Social intelligence'이다. 사회지능은 사람들과 잘 어울리는 능력을 말한다. 사회지능의 밑바탕을 이루는 것이 바로 공감이다. 공감하는 능력이 있어야 다른 사람들과 어울리고 함께 손뼉을 치며 나아갈 수 있다. 공감이 돼야 협력도 가능해진다.

4차 산업혁명 시대는 혼자 힘으로는 살아갈 수 없다. 서로 돕고 협력해야 창의적인 산물을 만들어낼 수 있다. 스티브 잡스가 인공지능 시대의 아이콘이 될 수 있었던 것은 자기 혼자 힘이 아닌 함께하는 사람들과 협력했기 때문이다. 사실 스티브 잡스는 아이디어만 제공했다. 그 아이디어를 구현해내는 사람들은 기술자들이었다. 기술자와 인문학적 사고를 가진 사람이 서로 협력해 최첨단 기기들을 만들어낼 수 있었다. 자라온 환경과 사고가 다른 다 큰 성인들이 함께 머리를 맞대고 의미 있는 결과물을 만들어내려면 공감 능력이 필수적이다. 함께 고통을 겪는 동반자로서 상대가 처한 상황을 이해해야 목표를 달성할 수 있다.

애플과 IBM 기술자들을 모집하는 직책을 가진 제프 윈터가 미국 공영 라디오 방송과 인터뷰하는 자리에서 이렇게 말했다.

"훌륭한 프로그래밍 기술을 가진 사람은 차고 넘치지만 사회적 역량 때문에 발목을 잡히는 경우가 많다."[16]

사회지능이 부족하면 성공할 수 있는 기회조차 얻지 못할 거라는 말이다. 사람들과 잘 어울리고 공감하지 못하면 역량 있는 인재가 되지 못한다.

전화기와 보청기를 발명한 사람은 알렉산더 그레이엄 벨이다. 그가 인류에 도움이 되는 발명을 할 수 있었던 것은 공감의 마음에서 시작되었다. 벨의 어머니는 청각 장애가 있었다. 어머니와 같이 살면서 벨은 어머니가 겪는 고통을 함께 겪었다. 어떻게 해서든 어머니의 고통을 해결해주고 싶었다. 관심은 관찰로 이어졌다. 항상 장애를 갖고 있는 사람들을 유심히 보며 도움이 되는 것들이 무엇인지 생각했다. 그런 노력이 보청기를 발명하게 되었고, 전화기까지 만들어냈다.

---

16 『최고의 교육』, 로베르타 골린코프, 캐시 허시-파섹, 예문아카이브, 2018.

그는 창의력을 동원해 발명만 한 것이 아니다. 장애가 있는 아이들이 공부할 수 있는 학교도 세워 평생 도움을 주며 살았다. 공감 능력이 장애가 있는 사람들에게 희망이 된 것이다. 우리가 살아가고 있는 세상을 조금이라도 좋은 쪽으로 변화시키는 힘은 공감에서 시작된다.

　　2019년에 시작된 코로나 바이러스는 많은 사람들을 고통 속으로 몰아넣었다. 평온한 삶을 일순간에 빼앗고 우리의 일상을 혼란 속에 빠뜨렸다. 4차 산업혁명 시대에 최첨단 기기들도 코로나 바이러스에는 속수무책이었다. 특히 대구 지역이 많이 힘들어했다. 집단 발병으로 도시의 기능이 마비될 정도였다. 환자를 도울 의료진부터 생활용품과 식자재 등 많은 것이 부족했다. 이때 전국 곳곳에서 도움의 손길이 시작되었다. 대구 시민들이 겪는 고통을 함께 느끼며 협력하겠다는 사람들이 여기저기서 몰려들었다. 의료진, 구급대원, 자원봉사자 등 전국에서 함께 고통을 극복하자며 손을 맞잡았다. 십시일반의 마음으로 모여든 사람들은 혼란을 잠재우며 일상을 회복하도록 도왔다. 누가 시키지 않아도 자발적으로 고통의 현장 속으로 갈 수 있었던 것은 그들의 마음을 공감할 수 있었기 때문이다.

　　1997년 IMF 때는 금 모으기 운동을 했고, 2007년 태안 기름 유출 사건 때는 전 국민이 태안으로 달려가 기름을 닦아냈다. 이외에도 위기의 순간이 올 때마다 우리는 서로 협력하며 극복해나갔다. 인공지능으로 무장한 4차 산업혁명 시대의 최첨단 기계들이 다가와도 우리에게 공감하는 마음이 있다면 보란 듯이 위기를 극복할 수 있다.

공감의 마음은 사람을 향한 마음이다. 사랑의 마음이기도 하다. 삶의 편리와 안정, 발전만을 추구하는 것이 아니라 모두가 함께 행복하게 살아가자는 마음이다. '나만 행복하면 돼'가 아니라 '모두가 행복하게 살아가자'는 마음이다. 더 이상 기계처럼 살지 않고 인간다운 삶을 살아보겠다는 마음이다. 이 마음이 있으면 4차 산업혁명 시대는 더 이상 두려움의 대상이 아니다. 함께 행복한 미래를 향해 힘찬 발걸음으로 걸어갈 수 있다. 그러니 고장난명, 십시일반의 의미를 마음에 새기며 오늘을 살아가는 청소년들이 되길 기대한다.

의사소통 능력을
향상시켜라

● 이심전심 ●

以心傳心 써 이, 마음 심, 전할 전, 마음 심
- -
마음과 마음으로 서로 뜻이 통한다는 뜻으로, 말이나 글이 없어도 서로 통한다는 의미의 말.

『도서都序』,『대정장大正藏』,『유마경維摩經』,『달마어록達磨語錄』,『종용록從容錄』

어느 날, 석가모니가 제자들을 영산에 모아놓고 설교를 했다. 제자들 앞에서 연꽃을 손에 들고 꽃을 비틀어 보였다. 제자들은 석가모니가 왜 그러는지 알 수 없어 잠자코 있었다.

하지만 가섭 제자만 그 뜻을 깨닫고 빙그레 미소 지었다. 그때 석가모니가 가섭에게 말했다.

"내게는 인간이 본디부터 가지고 있는 마음의 덕과 번뇌(마음이 시달려서 괴로움)와 미망(갈피를 잡지 못하고 헤맴)을 벗어나 진리에 도달하는 마음, 또 변하지 않는 진리와 진리를 아는 마음이 있다. 이것을 말이나 글이 아니라 마음으로 너에게 전하겠다. 진리는 마음에 의해서만 전해지기 때문이다."

여기에서 이심전심이 전해졌다.

4차 산업혁명 시대에 인재가 되려면 이심전심의 의미를 되새겨봐야 한다. 4차 산업혁명 시대에는 혼자 힘으로 뭔가를 창조해내기가 어렵기 때문이다. 한 가지 분야에서 나올 수 있는 기술은 한계에 다다랐다. 이제는 분야와 분야가 섞이고 어우러져야 창의적인 산물을 만들어낼 수 있다.

인류에 공헌한 사람들에게 주는 상이 노벨상이다. 그런데 언제부턴가 기술적인 분야에서 공동수상이 많아졌다. 이것은 어떤 의미 있는 결과를 만들어내려면 서로 다른 분야들이 어우러져야 함을 뜻한다. 그래서 4차 산업혁명 시대에는 융복합형 인재가 각광을 받을 거라고 이야기한다.

융복합은 융합과 복합이 합쳐진 말이다. 융합은 "다른 종류의 것이 녹아서 서로 구별이 없게 하나로 합해지거나 그렇게 만듦"이라는 뜻이다. 복합은 "두 가지 이상이 거듭 합쳐지거나 또는 두 가지 이상을 합쳐 하나를 이룸"이라는 뜻이다. 즉 서로 다른 분야들

십대, 4차 산업혁명을 이기는 능력

이 조화를 이루어 합쳐지고 섞여 새로운 결과물을 만들어낸 것을 의미한다.

서로 다른 분야의 사람들이 함께 머리를 맞대고 창의적인 산물을 만들어내려면 의사소통이 잘 돼야 한다. 자신의 생각을 상대에게 잘 전달할 수 있어야 다른 분야의 지식과 기술, 정보를 효과적으로 이해할 수 있기 때문이다.

협업과 협력은 의사소통이 잘 돼야 가능하다. 자신의 머릿속에 있는 지식을 효과적으로 전달하지 못하면 서로 조화를 이루며 합쳐지기 어렵다. 상대에게 자신의 생각을 잘 전달하려면 상대가 무슨 생각을 하고 있는지 아는 게 중요하다는 말이다. 결국 이심전심으로 통해야 의미 있는 결과를 만들어낼 수 있다.

의사소통 능력이 얼마나 중요한지 작가이자 동기부여가인 짐 론은 이렇게 말했다.

"만약 당신이 의사소통만 할 수 있다면 그럭저럭 살아갈 수 있을 겁니다. 하지만 만약 자유자재로 능숙하게 의사소통할 수 있는 능력이 있다면 기적을 만들어낼 수도 있을 겁니다."[17]

의사소통 능력이 얼마나 중요한지 이제 깨달았을 것이다. 지금은 대학에서도 기업에서도 의사소통 능력이 강한 사람을 좋아한다. 그러니 의사소통 능력을 키우는 데 역량을 집중해야 한다. 그

---

[17] 『최고의 교육』, 로베르타 골린코프, 캐시 허시-파섹, 예문아카이브, 2018.

렇다고 너무 겁낼 필요는 없다. 10대들은 매일 의사소통을 적극적으로 하며 지내고 있기 때문이다. 날마다 스마트폰으로 누군가와 의사소통을 하지 않는가. 카카오톡, 페이스북, 인스타그램, 문자 메시지, 유튜브 등으로 자기 생각을 전달하며 살아간다. 다만 자신의 메시지를 조금 더 효과적으로 전달하는 방법을 배우면 된다.

그럼 어떻게 하면 10대들이 효과적으로 의사소통 능력을 키울 수 있을까? 먼저 의사소통 도구가 무엇인지 알아야 한다. 의사소통의 도구는 크게 말하기와 쓰기가 있다. 자신이 전달하고 싶은 메시지를 상대가 잘 알아들을 수 있도록 말하는 기술이 필요하다. 효과적으로 말하는 능력을 갖추어야 머릿속에 들어 있는 지식과 정보를 상대에게 전달할 수 있다. 또 자신이 쓴 글을 읽은 이가 잘 이해할 수 있도록 쓰는 기술도 중요하다. 이 두 가지가 의사소통 능력을 키우는 핵심이다.

말하기와 쓰기로 의사소통을 잘하려면 뒷받침돼야 할 태도와 능력이 필요하다. 첫 번째는 경청이다. 경청의 태도가 준비돼야 효과적으로 알아듣고 자신의 메시지도 잘 전달할 수 있다. 공익 광고는 공공의 이익을 목적으로 하는데, 2020년 첫 공익 광고는 의사소통과 관련이 있었다. 아역 배우 김강훈이 나와 우리 사회의 현실을 꼬집으며 의사소통의 중요성을 알린다. 공익 광고의 표제는 이렇다.

"말이 통하는 사회, 듣기에서 시작됩니다."

짧은 동영상에서 많은 사람들이 상대 이야기에 귀를 기울이지 않는다. 자신이 하고 싶은 말만 늘어놓기에 급급해한다. 듣지는 않고 자신의 말만 하니 소통이 이루어지지 않는다. 이게 우리의 현실이다.

4차 산업혁명 시대는 토론 능력이 중요하다. 융복합으로 의미 있는 결과를 만들어내려면 설득력 있게 논쟁하는 기술이 필요하다. 상대가 주장하는 이야기를 잘 이해하고 자신의 메시지도 잘 설명해야 조화롭게 하나의 목표로 순조로운 항해를 할 수 있다. 토론을 할 때도 가장 기본이 되는 덕목은 듣기, 즉 경청이다. 상대가 주장하는 내용을 파악해야 자신의 생각과 어떻게 다른지, 서로 조화를 이룰 수 있는 것은 무엇인지 알 수 있다. 상대의 주장을 알아야 그다음의 목표로 나아갈 수 있다. 그래서 잘 듣는 것이 무엇보다 중요하다.

잘 들으려면 어떻게 해야 할까? 잘 들으려면 귀를 열고, 눈으로 집중하고, 마음을 보아야 한다. 소리는 표정과 뉘앙스와 함께한다. 전하는 메시지는 소리, 표정, 뉘앙스와 함께 어우러져 온다. 그러므로 귀, 눈, 마음을 집중해야 잘 들을 수 있다.

두 번째는 상대가 써놓은 글을 이해하고 읽어낼 수 있는 독해력이다. 아무리 논리적이고 체계적으로 써놓았어도 그것을 읽고 이해하는 능력이 없다면 의사소통은 이루어질 수 없다.

독해력과 경청은 공통점이 많다. 잘 듣고 잘 이해하려면 비슷한 능력이 요구된다. 그것은 바로 탄탄한 배경지식과, 전체적인 맥락을 파악할 수 있는 능력이다. 잘 들으려면 집중을 해야 한다. 음성은 집중하지 않으면 바로 사라진다. 이때 집중해서 들었더라도 듣고 있는 내용에 대한 배경지식이 없으면 스쳐지나가는 음성을 이해하기 힘들다.

글도 다르지 않다. 누군가 써놓은 글을 읽을 때 글과 관련된 배경지식이 없으면 이해하기 어렵다. 제아무리 유추하는 능력이 탁월해도 한계가 있다. 탄탄한 배경지식은 듣기도 독해도 가능하도록 돕는다.

세 번째는 전체적인 맥락을 파악하는 능력이다. 말이든 글이든 부분에 빠지면 답이 없다. 전체적인 맥락을 파악한 후 부분으로 접근해야 한다. 전체적인 흐름과 맥락을 놓쳐버리면 이해도 할 수 없다. 그런데 전체적인 맥락 파악은 배경지식과 관련이 있다.

카네기 멜론 대학교의 심리학자 조지 로웬스타인은 호기심이 무엇인지를 연구했다. 그는 호기심을 해소하기 위해 필요한 것은 맥락을 이해하는 것이라고 했다. 그의 말을 들어보자.

"정말로 호기심이 많은 사람과 정말로 호기심이 없는 사람이 딱 정해져 있다고 생각하지는 않아요. 물론 개인차가 있긴 하겠지만, 중요한 것은 '어떤 맥락에서' 새로운 정보를 만나느냐 하는 거지요. 그리고 맥락 요인 중에서 가장 중요한 것은 그 분야에 대한 지식이 있느냐, 없느냐입니다."

맥락을 이해하는 데는 배경지식이 중요하다는 것을 말한다. 더

불어 맥락을 보다 쉽게 파악할 수 있는 능력을 키우려면 독서력을 향상시켜야 한다. 독서를 많이 한 사람은 맥락을 파악하는 데 어려움을 느끼지 않는다. 그래서 독서 능력이 중요하다. 독서 능력이 뒷받침돼야 듣기도 독해도 쉬워진다. 더불어 말하기와 글쓰기에서도 성공할 수 있다. 그 의미를 이해할 수 있는 말이 있다. 비즈니스 분야의 글을 쓴 자크 비소네트의 말이다.

"일자리를 찾고 있는가? 그럼 셰익스피어를 공부하게나."

셰익스피어의 문학 속에는 인간의 본성을 탐구할 수 있는 내용이 많다. 인간의 비극과 희극적인 요소들의 작품들이 많아 인간을 이해하는 데 도움이 된다. 무엇보다 말하고 글을 쓰는 데 효과적이라 셰익스피어의 작품을 공부하라고 강조한 것이다. 셰익스피어 작품은 이심전심의 뜻이 무엇인지 알도록 이끌어준다.

의사소통 능력은 4차 산업혁명 시대의 핵심인 융복합기술의 밑거름이 된다. 그러므로 이심전심의 내용을 이해하며 의사소통 능력을 키워야 한다. 내 삶에 기적을 만들어낼 수 있는 것은 능숙한 의사소통 능력에 있기 때문이다.

비판적 사고로
무장하라

● 목불식정 ●

目不識丁 눈 목, 아니 불, 알 식, 고무래 정

눈앞에 정T 자와 비슷한 고무래[18]를 두고도 정 자를 모른다는 뜻으로, 글자를 전혀 모르는 무식한 사람을 의미하는 말.

『구당서舊唐書』「장홍정전張弘靖傳」

당나라 헌종 시기에 장홍정이라는 사람이 있었다. 그는 부친 장연상이 나라에 세운 공덕으로 벼슬길에 올랐다.

장홍정이 노룡의 절도사로 파견되었다. 검소하게 지냈던 과거의 절도사들과는 달리 그는 화려하게 치장된 수레를 타고 거들먹거리며 지냈다. 공을 인정받고 싶었던 그는 역적을 응징한 영웅 안녹산의 무덤을 파헤쳤다. 이에 실망한 백성들은 불만을 토로했다.

---

18 농촌에서 곡식을 긁어 모으고 펼 때 쓰는 정T 자 모양의 도구를 가리킨다.

"훌륭한 관리가 온다고 해서 크게 기대하고 있었는데 무덤을 파헤치는 멍청한 관리일 줄이야."

장홍정은 이에 아랑곳 않고 부하들과 날마다 가마와 말을 타고 즐기기만 했다. 그 모습을 본 군사들이 불만을 품었다. 군사들의 불만이 가득하다는 것을 전해 들은 장홍정은 반성은커녕 부하들에게 말했다.

"천하가 태평하고 나라가 무사한데 너희처럼 무거운 화살을 지고 있는들 무슨 소용이 있느냐. 목불식정目不識丁, 차라리 고무래 정丁 자 하나라도 익히는 것이 더 낫지. 멍청한 것들 같으니라고."

장홍정이 유주로 순찰을 나갈 때 불만을 품고 있던 부하들은 반란을 일으켜 그를 감금시켰다. 왕은 그 소식을 듣고 장홍정의 직무를 박탈하며 이렇게 말했다.

"그놈이야말로 목불식정이로구나."

4차 산업혁명 시대에는 지식과 정보가 수없이 쏟아진다. 10대들이 접하는 정보도 셀 수 없을 정도로 많다. 몇 분 동안 스마트폰 검색만 해도 접하는 지식과 정보는 이루 헤아릴 수 없을 정도다. 이렇게 많은 정보가 폭발적으로 쏟아질 때 필요한 것은 비판적 사고다. 쏟아지는 정보 속에서 비판적 사고가 없으면 목불식정이 될 수 있다.

비판적 사고는 "어떤 사태에 처했을 때, 그것에 대하여 다양한 관점에서 분석하고 평가하는 능동적인 사고"를 말한다. 다보스 포럼 「미래고용보고서」에서도 앞으로 추구해야 할 교육 목표 중 비판적 사고가 절실히 필요함을 강조했다. 비판적 사고가 없으면 수많은 정보 속에서 허우적거리며 합리적인 판단을 할 수 없다.

비판적 사고는 논리적 사고라는 말과 같다. 논리적으로 생각할 수 있어야 사실을 사실대로 볼 수 있다. 무엇이 진실인지, 무엇이 합리적인지, 무엇이 한쪽으로 치우치지 않고 중심을 잡고 있는 것인지 알 수 있다. 논리가 없으면 쏟아지는 정보를 꿰뚫어볼 수 없고 분석하고 평가해낼 수도 없다.

최첨단 기술 시대에 비판적 사고가 얼마나 중요한지 심리학자 다이앤 할편은 이렇게 말했다.

"이제 사람들은 컴퓨터에서 인터넷이나 다른 원격서비스를 통해 잠시 검색을 하고 나면 문자 그대로 그들의 손에서 마음대로 다룰 수 있는 무지막지한 양의 정보들을 얻게 된다. 문제는 이 엄청난 양의 데이터를 가지고 무엇을 할지 아는 것이다. 컴퓨터 화면에 있는 그 정보들이 필요에 따라 선택되고 해석되고 요약되고 평가되고 이해돼 적용되지 않는다면 도서관 책장에 있는 것보다 더 쓸모없는 것일 뿐이다."

10대들은 다양한 정보를 검색하며 지내지만 그것을 잘 활용하지 못하는 것은 마치 옆에서 본 것처럼 이야기한다. 중요한 것은 얼마나 많은 데이터를 접하느냐가 아니다. 수용된 지식과 정보를 필요에 따라 활용할 줄 아는 능력이 중요하다.

그럼 어떻게 하면 비판적 사고를 기를 수 있을까?

첫 번째는 균형 잡힌 사고가 필요하다. 어느 한쪽으로 치우치지 않은 생각과 가치가 정립돼 있어야 비판적 사고를 키울 수 있다. 즉 선입견先入見[19]을 갖지 않는 것을 말한다. 10대들이 선입견을 갖고 있다는 것을 이해하지 못하는 사람들도 있을 것이다. 10대들과 깊은 이야기를 나눠보면 의외로 많은 청소년들이 선입견에 사로잡혀 있다.

선입견이 형성돼 있으면 자기가 보고 싶고 듣고 싶은 것만 골라서 보고 듣는다. 자신의 생각과 일치하는 지식과 정보만 열린 마음으로 받아들이고 그렇지 않은 정보는 쓸모없다고 생각한다. 주변에서 다른 의견과 사실을 제공해줘도 막무가내다. 선입견이 강하면 비판적 사고는 형성되지 않는다.

그럼 선입견에서 벗어날 수 있는 방법은 무엇일까? 전문가들은 확인되지 않은 증거를 찾아 나서는 것이 좋다고 말한다. 새로운 것을 선입견으로 제어하지 말고 받아들이라는 것이다. 또한 다양한

---

19 어떤 사람이나 사물 또는 주의나 주장에 대해. 직접 경험하지 않은 상태에서 미리 마음속에 굳어진 견해를 말한다.

경험도 적극적으로 해보라고 조언한다. 다른 사람의 의견에도 귀를 기울여 그럴 수도 있다고 생각하는 훈련을 해야 한다고 강조한다. 내 의견이 꼭 맞지 않을 수 있다고 생각하라는 말이다. 이런 과정이 반복되면 한쪽으로 치우치지 않고 전체를 바라보는 시각이 형성된다.

창의성 전문가들도 자신이 좋아하는 분야와 전혀 다른 것을 접하는 노력이 필요하다고 말한다. 자신이 평소 생각하지 않았던 낯선 것과 연결 짓고 융합할 때 새로운 것이 탄생할 수 있다는 것이다.

여행을 갈 때 필수품 중 하나는 캐리어다. 캐리어는 낯선 것과 연결 짓고 융합해 만든 상품이다. 바퀴가 언제 발명되었다고 배웠는가. 기원전 2,500년 경이다. 가방이 탄생한 것도 굉장히 오래되었다. 그런데도 캐리어는 1970년 즈음에 만들어졌다. 바퀴와 가방이 만들어졌지만 그것을 하나로 합쳐볼 생각은 하지 않았다. 전혀 다른 두 가지 분야가 합쳐진 것은 선입견 없이 생각하는 태도가 있었기 때문이다. 낯선 것을 열린 마음으로 받아들이는 자세가 여행을 편리하게 할 수 있도록 도왔다.

두 번째는 의문과 질문 능력이 필요하다. 어떤 사태에 처했을 때, 그것에 대하여 다양한 관점에서 분석하고 평가하는 능동적인 사고를 가지려면 의문과 질문 능력 없이는 불가능하다. 의문과 질문은 능동적으로 사고하고 문제를 해결하는 근원적인 능력이 필요하다. 이 부분은 다른 장에서 자세히 다뤘으니 참고하면 좋겠다.

십대, 4차 산업혁명을 이기는 능력

세 번째는 논리력을 향상시켜야 한다. 논리적으로 생각하고 사고하는 훈련이 준비돼야 비판적 사고를 키울 수 있다. 논리는 하나를 제대로 하는 능력을 말한다. 어떤 지식에 대한 개념을 확실히 잡을 수 있어야 한다. 또한 알아낸 지식을 바탕으로 기존 정보와 지식에 질서를 부여해 체계를 갖출 수 있어야 한다. 논리적으로 연결할 수 있고 질서를 잡아가는 능력을 갖춘 사람을 논리체계를 갖췄다고 말한다.

논리는 다른 말로 하면 상식이라고도 한다. 상식이 있어야 논리체계를 만들어낼 수 있다. 상식이라는 토대가 탄탄해야 다른 것과 질서를 부여해 체계를 잡을 수 있다.

논리는 사물과 사건에 대해 자신만의 언어로 정의를 내릴 수 있는 능력이기도 하다. 하나를 알아도 제대로 아는 능력이다. 목불식정이 아니라 분명하게 알고 설명까지 가능해야 한다. 자신의 언어로 이해하고 설명할 수 있어야 논리적으로 체계를 갖추고 의미 있는 결과를 만들어낼 수 있다. 논리력이 없으면 상대를 설득할 수 없다. 자신이 주장하는 것도 효과적으로 전달할 수가 없다. 논리체계가 갖춰지면 독서 감상문, 자기소개서, 토론, 소논문도 잘 쓸 수밖에 없다.

비판적 사고는 4차 산업혁명 시대의 핵심이 되는 능력이므로 반드시 삶의 태도로 자리 잡도록 해야 한다. 목불식정의 의미와 반대되는 메시지를 기억하며 오늘의 삶에서 비판적 사고를 향상시키

는 노력을 기울였으면 한다. 비판적 사고의 태도가 형성된 10대들
은 어딜 가도 인재라는 이야기를 들을 수 있다.

승부의 열쇠는
인성으로 결정된다

● 개과천선 ●

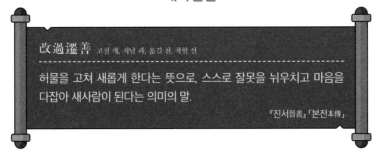

改過遷善 고칠 개, 지날 과, 옮길 천, 착할 선

허물을 고쳐 새롭게 한다는 뜻으로, 스스로 잘못을 뉘우치고 마음을
다잡아 새사람이 된다는 의미의 말.

『진서晋書』「본전本傳」

　　진나라 혜왕 때, 양흠 땅에 주처라는 사람이 살고 있었다. 그는 어
렸을 때 아버지가 돌아가셔서 이리저리 떠돌며 못된 짓을 많이 하며
살았다. 주처가 나타나면 사람들은 멀리 피하기 일쑤였다.

　　주처가 자신의 잘못을 깨닫고 새로운 사람이 되겠다고 결심했다.
그러나 주처의 옛 모습을 기억하는 사람들은 아무도 그를 믿어주지
않았다.

　　하는 수 없이 주처는 고향을 떠나 대학자 육기를 찾아가 솔직하게
말했다.

"저는 과거에 나쁜 짓을 헤아릴 수 없을 만큼 많이 했습니다. 하지만 지금은 착한 사람이 되려고 하는데 너무 늦은 것 같고 또 사람들이 제 마음을 믿어주지 않아 두렵습니다."

주처의 말을 들은 육기가 대답했다.

"자네가 지난 허물을 고치고 굳은 의지로 착한 사람이 된다면改過遷善 자네의 앞길은 무한할 걸세."

이 말을 들은 주처는 용기를 얻어 학문과 덕을 닦아 마침내 학자가 되었다.

지금까지 4차 산업혁명 시대에 인재가 될 수 있는 덕목들을 하나하나 풀어냈다. 어느 것 하나 빠지면 안 되는 중요한 역량들이다. 자기 인생의 멋진 그림을 완성하기 위한 퍼즐 조각과 같다. 다양한 능력과 태도들이 내면에서 어우러져야 하나의 멋진 작품을 만들고 미소를 지을 수 있다.

그렇지만 마지막 하나, 중요한 퍼즐 하나가 남아 있다. 바로 인성이다. 인성은 4차 산업혁명 시대에 인재가 될 수 있도록 이끌어주는 마침표이다. 모든 능력이 준비되었어도 인성이 뒷받침되지 않으면 미완성 작품에 그치고 만다.

십대, 4차 산업혁명을 이기는 능력

2006년 캐나다 토론토 대학교 제프리 힌턴 교수가 딥러닝Deep Learning을 주제로 논문을 발표했다. 딥러닝은 인공지능이 스스로 학습하고 판단하고 추론할 수 있다는 논문이었다. 우리나라에서는 2016년 알파고와 이세돌의 바둑 대결로 딥러닝 기술을 탑재한 인공지능이 얼마나 대단한가를 알게 되었다.

하지만 논문이 발표된 후 딥러닝 기술이 새로운 시대를 열 것이라는 것을 알아차린 곳이 있었다. 바로 실리콘밸리에 살고 있는 사람들이었다. IT기술을 주도하는 실리콘밸리에서는 인공지능으로 무장한 기술에 대비할 필요가 있다고 생각해 2008년 학교를 하나 세웠다. 바로 '싱귤래리티Singularity 대학교'이다. 싱귤래리티는 '특이점'이라는 뜻이다. 특이점은 "기술이 인간을 초월하는 시대"를 말한다. 기술이 인간을 초월하는 시대를 대비해 인재를 양성하기 위해 세운 학교가 싱귤래리티 대학교다.

그럼 싱귤래리티 대학교에서는 어떤 교육을 중점적으로 시켰을까. 그들은 인공지능을 이길 능력자를 양성하는 것이 목표지만 그전에 전제를 둔다. 바로 인류에게 선한 영향을 끼치는 사람이 되는 교육을 받아야 한다는 것이다. 바람직한 인성을 품고 있는 사람이 인공지능을 지배할 수 있는 능력을 길러야 한다는 뜻이다. 그래야 인간을 초월하는 기술을 의미 있게 활용할 수 있기 때문이다. 그만큼 인성은 4차 산업혁명 시대에 중요한 덕목이다.

아이비리그에 있는 명문 대학에 많이 보내기로 유명한 필립스 엑서터 아카데미 고등학교가 있다. 이 학교는 소크라테스식 문답법을 바탕으로 한 집단 토의 방식의 수업으로 수많은 인재를 양성했다. 페이스북의 마크 주커버그가 졸업한 학교이기도 하다.

학교는 실력을 키우는 것도 중요하게 여기지만 인성을 더 중요하게 생각한다. 학교의 표어로 대변되는 "이곳에서 배운 것을 자신뿐 아니라 타인을 위해 써라"는 교훈은 이를 증명한다. 이 가치는 학교가 설립될 때부터 이어졌다. 설립자 존 필립스는 학교 건립 기부 증서에 이렇게 썼다.

"교사의 가장 큰 책임은 학생들의 마음과 도덕성에 주의를 기울이는 것이다. 지식이 없는 선함은 약하고, 선함이 없는 지식은 위험하다. 이 두 가지가 합쳐서 고귀한 인품을 이룰 때 인류에 도움이 되는 토대가 될 수 있다."

이 말은 필립스 엑서터의 헌법과 같다. 인성에 가치를 둔 교육이 훌륭한 인재를 양성하는 바탕이 된 것이다.

인성은 어느 시대나 강조되는 역량이었다. 인성이 갖춰지지 않은 사람은 어디에서도 살아남을 수 없기 때문이다. 설령 4차 산업혁명 시대에 필요한 역량을 갖췄더라도 인성이 뒷받침되지 않으면 그 자리에서 오랫동안 일할 수 없다.

"능력 때문에 당신을 고용했지만 인성 때문에 당신과 일할 수 없다."

미국에서 자주 사용하는 말인데 무슨 뜻인지 이해가 갈 것이다.

공자는 수많은 제자들을 키워냈다. 실력이 없어도 포기하지 않고 가르쳐서 인재가 되도록 도왔다. 하지만 인성이 좋지 않은 사람은 거들떠보지 않았다. 『논어』 「태백」 편에서 공자가 한 말을 보면 알 수 있다.

"뜻은 크면서 정직하지도 않고, 무지하면서 성실하지도 않으며, 무능하면서 신의도 없다면 그런 사람은 내가 알 바 아니다."

인성이 갖춰지지 않은 사람은 상대할 필요가 없다는 말이다.

그리스 철학자들도 의미 있는 삶에 대해 고민이 많았던 것 같다. 광장에 모여서 토론을 할 때면 바람직한 삶에 대해 꼭 이야기를 나누었다. 그중에서도 그리스 최초의 철학자인 탈레스는 더 많이 고민했다. 그는 스스로 질문을 던지고 답변하며 삶의 의미를 찾았다.

"가장 올바르고 정의롭게 사는 일이 무엇이냐?"

"우리가 비난하는 행위를 우리 스스로 하지 않으면 된다."

"가장 행복한 사람은 누구인가?"

"몸이 건강하고, 정신이 지혜롭고, 성품이 온순한 사람이다."

어떤가. 탈레스가 주장하는 말의 중심에는 인성이 깔려 있다. 곧 인성이 좋아야 행복하고 정의롭게 살아갈 수 있다고 말한다. 그리스 철학자 헤라클레이토스는 탈레스 말에 못을 박는다.

"인격은 그 사람의 운명이다."

인성을 보면 그 사람의 미래를 예측할 수 있다는 말이다. 인성의 중요성은 수없이 강조해도 지나치지 않다. 그러니 바람직한 인성을 품도록 해야 한다. 특히 10대 시기에 바람직한 인성이 자리 잡도록 힘쓸 필요가 있다. 10대가 지나고 어른이 되면 그때는 돌이키기 힘들기 때문이다. 그 의미는 『명심보감』 「계성」 편에 있는 이야기로 이해하면 좋겠다.

"사람의 성품은 물과 같아서 물이 한번 기울어지면 다시 돌이킬 수 없듯이, 성품도 한번 방종해지면 다시 돌이킬 수 없다. 물을 통제하기 위해서는 반드시 둑을 쌓아야 하듯이, 성품을 올바로 하기 위해서는 반드시 예법을 지켜야 한다."

한번 기울어진 성품은 물과 같다는 말을 기억하면 좋겠다. 그래서 지금까지 자신의 삶을 되돌아보아야 한다. 자신의 인성은 어떤지 진지하고 객관적으로 살펴봐야 한다. 만약 바람직한 삶을 살지 못했다면 개과천선의 의미를 생각하고 바람직한 인성을 품도록 힘써야 한다. 쉽지는 않을 것이다. 그래도 이를 악물고 노력해야 한다. 인생 승부의 열쇠가 인성에 달려 있기 때문이다.

십대, 4차 산업혁명을 이기는 능력

십대, 4차 산업혁명을 이기는 능력
고사성어로 준비하는 미래형 인재

ⓒ 임재성, 2021

초판 1쇄 인쇄일 | 2021년 1월 20일
초판 1쇄 발행일 | 2021년 2월 3일

지은이 | 임재성
펴낸이 | 사태희
편집인 | 최민혜
디자인 | 권수정
마케팅 | 장민영
제작인 | 이승욱 이대성

펴낸곳 | (주)특별한서재
출판등록 | 제2018-000085호
주 소 | 04037 서울시 마포구 양화로 59, 화승리버스텔 703호
전 화 | 02-3273-7878
팩 스 | 0505-832-0042
e-mail | specialbooks@naver.com
ISBN | 979-11-88912-04-9 (44080)